미국의 문화

미국을 더 깊이 알 수 있는

핫스팟

미국 ⑩
세계통찰

★ 세계의 중심이 된 미국 4 ★

미국의 문화

미국을 더 깊이 알 수 있는
핫스팟

한솔교육연구모임 지음

솔과나무

1장

태평양 연안에서 대서양 연안까지, 미국을 하나로 결속시킨
대륙 횡단 열차

동서를 연결하는 대륙 횡단 철도 건설을 시작하다 | 철도 건설을 위해 희생된 중
국인 | 대륙 횡단 철도 건설로 본격화된 산업화 | 비행기와 자동차의 보급으로 사
양 산업이 되고 있는 미국의 철도

2장

문화와 역사의 도시 **뉴올리언스**

프랑스의 식민지로 개척된 루이 14세의 땅, 루이지애나 | 나폴레옹, 아메리카 대륙 정
복의 꿈 | 1,500만 달러로 루이지애나를 산 토머스 제퍼슨의 외교술 | 노예 해방으로
몰락한 백인의 상실감을 담은 희곡, 《욕망이라는 이름의 전차》 | 뉴올리언스의 독특한
문화에서 탄생한 재즈 | 뉴올리언스가 낳은 재즈 황제, 루이 암스트롱 | 뉴올리언스를
사로잡은 허리케인의 공포 | 뉴올리언스를 강타한 초대형 허리케인, 카트리나 | 미국
역사상 가장 큰 참사, 카트리나로 쑥대밭이 된 뉴올리언스 | 지옥이 된 수재민 수용 시
설 슈퍼돔 | 재난 대비 실패로 곤경에 빠진 부시 대통령 | 최악의 사태를 막기 위한 어
쩔 수 없는 선택, 집단 안락사 | 재난에서 벗어난 뉴올리언스, 새로운 희망의 도시로

왜 미국을
읽어야 할까요?

〈세계통찰〉 시리즈는 다양한 독자에게 세계를 통찰하는 지식과 교양을 전해 주고자 합니다. 미국을 시작으로 중국, 일본, 중남미, 유럽, 아시아, 아프리카 등 오대양 육대주의 주요 국가들에 관한 정치, 경제, 역사, 문화 등 다양한 정보를 제공하여 세상이 움직이는 원리를 독자 스스로 알게끔 하고자 합니다.

지구상에 있는 국가들은 별개가 아니라 서로 연결된 유기체입니다. 여러 나라 가운데 〈세계통찰〉 시리즈에서 미국 편 전 16권을 먼저 출간하는 이유는 유기적인 세계에서 미국이 지닌 특별한 지위 때문입니다. 19세기까지 세계를 호령하던 대영제국의 패권을 이어받은 미국은 20세기 이후 오늘날까지 세계 유일의 초강대국으로 세계를 이끌고 있습니다. 또한 세계 최강의 경제력을 기반으로 자유 시장을 중시하는 자본주의 이념을 전 세계에 전파했습니다. 우리나라를 포함하여 많은 나라가 세계 최대 시장인 미국과 한 무역을 통해 가난을 딛고 경제 성장을 이룰 수 있었습니다. 애플이나 구글 같은 미국 기업이 새로운 산업을 일으키면서 미국은 물론, 전 세계에 수많은 일자리와 자본력을 제공했습니다.

이처럼 전 세계에 커다란 영향을 미치고 있는 미국이라는 나라를 알기 위해 '미국의 대통령'을 시작으로 한 '미국을 만든 사람들' 편을 소개합니다. 대통령제를 기반으로 한 미국식 민주주의는 전 세계로 전파되면서 수많은 국가에 영향을 미치고 있습니다. 제2차 세계대전 이후 독립한 국가 대부분이 대통령제를 선택하면서 대통령제는 미국을 넘어 많은 국가의 정치 체제로 자리 잡았습니다. 도전 정신과 혁신을 바탕으로 미국 경제를 세계 최강으로 만든 '기업인들' 역시 우리에게 많은 교훈을 줍니다. 세계인의 감성과 지성을 자극하고 있는 '예술인과 지식인'도 이야기의 대상입니다. '사회 문화' 편에서는 미국의 문화를 통해 미국만이 가진 특성을 살펴봅니다. 창의와 자유를 존중하는 사회 분위기는 할리우드 영화, 청바지, 콜라 등 미국만의 문화를 탄생시켰고 이는 전 세계로 확산되어 지구촌의 문화로 자리 잡았습니다. 이제 미국의 문화는 미국인만 누리는 것이 아니라 세계인이 공유하는 것이 되었습니다. '산업' 편에서는 정보 통신, 우주 항공, 에너지, 유통 등 미국의 주력 산업을 통해 오늘날 미국이 세계 경제를 주무르고 있는 비결과 미래에도 미국이 변함없이 강력한 영향력을 행사할 수 있는 이유에 대해 알아봅니다.

'전쟁' 편에서는 미국이 참전한 전쟁을 통해 전쟁이 미국은 물론 세계에 미친 영향에 대해 살펴봅니다. 미국은 전쟁으로 독립을 쟁취했을 뿐만 아니라 세계를 움직이는 새로운 질서를 만들어 냈습니다. 다시 말해 전쟁은 미국이 세계를 뜻대로 움직이는 도구였습니다.

이처럼 미국의 정치, 경제, 문화 등 각 분야는 20세기 이후 지구촌에 막대한 영향을 미치고 있기에 미국에 관한 지식이 없으면 세계를 제대로 이해할 수 없습니다. 미국을 제대로 알게 된다면 세상이 돌아가는 힘의 원리를 더 잘 알 수 있습니다. 〈세계통찰〉 시리즈 미국 편은 '미국을 만든 사람들' 전 6권, '세계의 중심이 된 미국(문화와 산업)' 전 6권, '전쟁으로 일어선 미국' 전 4권으로 이루어져 있습니다. 이렇게 총 16권의 인물, 사회·문화, 산업, 전쟁 등 주요 분야를 다루면서 단편적인 지식의 나열이 아니라 미국의 진면목, 나아가 세계의 흐름을 알 수 있도록 했습니다. 적지 않은 분량이지만 정치, 경제, 문화사에 남을 인물과 역사에 기록될 사건을 중심으로 다양한 예화와 사례를 들어 가면서 쉽고 재미있게 썼습니다. 처음부터 끝까지 차분히 읽다 보면 누구나 미국과 세계의 과거와 현재, 미래를 명확하게 들여다볼 수 있는 통찰력을 지닐 수 있습니다.

세계를 한눈에 꿰뚫어 보는 〈세계통찰〉 시리즈! 길고도 흥미진진한 이 여행에서 처음 만나게 될 나라는 미국입니다. 두근거리는 마음으로 함께 출발해 봅시다!

한솔(한솔교육연구모임 대표)

세상의 변화를 읽고
앞을 내다보는 힘

미래학자 엘빈 토플러는 "한국 학생들은 하루 10시간 이상을 학교
와 학원에서 자신들이 살아갈 미래에 필요하지 않을 지식을 배우고,
존재하지 않을 직업을 위해 아까운 시간을 허비하고 있다."라고 했
습니다. 그렇다면 우리는 무엇을 배우고 생각해야 할까요? 수년 안
에 지구촌은 큰 위기를 맞이할 가능성이 큽니다. 위기는 역사적으로
늘 존재했지만, 앞으로 닥칠 상황은 미국과 중국의 패권 전쟁의 상황
에서 과거와는 차원이 다른 큰 변화가 일어날 것입니다. 2018년 기
준 중국은 미국의 66% 수준의 경제력을 보입니다. 구매력 기준 GDP
는 중국이 이미 2014년 1위에 올라섰습니다. 세계 최강의 지위를 위
협받은 미국은 트럼프 집권 이후 중국에 무역 전쟁이란 이름으로 공
격을 시작했습니다. 미국과 중국의 무역 전쟁은 단순히 무역 문제로
만은 볼 수 없는 정치, 사회, 경제, 문화가 엮여 있는 총체적 전쟁입니
다. 미국과 중국의 앞날을 예측하기 위해서는 경제 분야 외에 정치,
사회, 문화 등을 통합적으로 볼 수 있어야 합니다. 역사는 리듬에 따
라 움직입니다. 현재와 비슷한 문제가 과거에 어떤 식으로 일어났는

지를 알면 미래를 읽는 통찰력이 생깁니다. 지나온 역사를 통해 세상의 변화를 읽고 앞을 내다보는 힘을 길러야 합니다. 역사를 통해서 남이 보지 못하는 곳을 보고, 다른 사람과 다르게 생각하는 힘을 길러야 합니다.

〈세계통찰〉은 이러한 필요에 따라 세계 주요 국가의 역사, 경제, 사회, 문화 등 다양한 주제를 통해 세계를 이해하는 안목을 심어 주고자 쓰인 책입니다. 솔과나무 출판사는 오대양 육대주에 걸쳐 있는 중요한 나라를 대부분 다루자는 계획 아래 먼저 미국과 중국에 대한 책을 출간합니다. 이는 오늘날 미국과 중국이 정치, 경제, 문화 등 모든 분야를 선도하며 전 세계에 막대한 영향을 미치고 있는 초강대국이기 때문입니다. 〈세계통찰〉 시리즈는 미국과 중국 세계 양 강 대결의 상황에서 미·중 전쟁의 미래를 예측할 수 있는 훌륭한 나침반이 될 수 있습니다.

특히 미국은 정치, 경제, 문화 등 어느 분야로 보아도 세계인의 관심을 가장 많이 받는 나라입니다. 〈세계통찰〉 시리즈 '미국'은 정치, 경제, 사회, 문화 모든 분야에 걸쳐서 시간과 공간을 넘나들며 현재의 미국을 이해할 수 있게 만든 획기적인 시리즈입니다. 인물, 산업, 문화, 전쟁 등의 키워드로 살펴보면서 미국의 역사와 문화, 각국과의 상호 관계를 파악할 수 있는 지식과 읽을거리를 제공합니다. 인물과 사건을 중심으로 이야기를 이어가고 그 과정에서 우리가 오늘날 세상을 살아갈 때 활용할 수 있는 지혜를 담고 있습니다. 단순히 사실 나열에 그치지 않고, 왜 그렇게 되었는지, 그 뒤에는 어떻게 되었는지, 과정과 흐름 속에서 숨은 의미를 찾아냄으로써 유연하고 창의적인 생각을 할 수 있도록 자극합니다. 무엇보다 〈세계통찰〉 시리즈에는 많은 이들의 실패와 성공의 경험이 담겨 있습니다. 앞서 걸은 이들의 발자취를 통해서만 우리는 세상을 보는 통찰력을 키울 수 있다는 사실을 기억했으면 합니다. 미국을 자세히 들여다보면 지구촌 사람들의 모습을 다 알 수 있다고도 합니다. 세계를 이끌어가는 미국을 이해한다는 것은 단순히 한 나라를 아는 것이 아니라 세계를 이해하는 것이기 때문에 〈세계통찰〉 시리즈 미국 편을 통해 모두가 미국에 대해 입체적이고 통합적으로 살펴볼 수 있는 기회를 얻기 바랍니다.

곽석희 (청운대학교 융합경영학부 교수)

〈세계통찰〉 시리즈에 부쳐

4차 산업 혁명 시대를 맞이하는 청소년에게 꼭 필요한 지혜

4차 산업 혁명 시대에는 나라 사이의 언어적, 지리적 장벽이 허물어집니다. 견고한 벽이 무너지는 대신 개인과 개인을 잇는 촘촘한 연결망이 더욱 진화합니다. 이제 우리는 다양한 문화 배경을 지닌 친구와 이전과는 완전히 다른 방법으로 우정을 나눌 수 있습니다. 낯선 언어는 더는 장애가 되지 않습니다. 스마트폰의 번역 프로그램을 이용하면 내가 한 말을 실시간으로 전달할 수 있고 상대방의 말뜻을 이해할 수도 있습니다. 또 초고속 무선 통신망을 이용해 교류하는 동안 지식이 풍부해져서 앞으로 내가 나아갈 길을 설계하는 데 큰 도움이 됩니다.

저는 오랫동안 현장에서 청소년을 만나며 교육의 방향성을 고민해 왔습니다. 초 단위로 변하는 세상을 바라보면 속도에 대한 가르침을 줘야 할 것 같고, 구글 등 인터넷상에 넘쳐 나는 정보를 보면 그것에 대한 양적인 교육이 필요할 것 같았습니다. 긴 고민 끝에 저는 시대가 변해도 퇴색하지 않는 보편적 가치와 철학을 청소년에게 심어 줘야겠다는 결론을 내렸습니다.

4차 산업 혁명 시대에는 인공 지능과 인간이 공존합니다. 최첨단 과학이 일상이 되는 세상에서 75억 지구인이 조화롭게 살아가려면 인간 중심의 교육이 필요합니다. 인문학적 지식과 소양을 통해 인간을 더욱 이해하고 이롭게 만드는 시각을 갖춰야 합니다. 〈세계통찰〉 시리즈는 미래를 이끌어 나갈 청소년을 위한 지식뿐 아니라 그 지식을 응용하여 삶에 적용하는 지혜까지 제공하는 지식 정보 교양서입니다.

청소년이 이 책을 반드시 접해야 하는 이유

첫째, 사고의 틀을 확대해 주는 책입니다.

〈세계통찰〉 시리즈는 정치, 경제, 사회, 문화, 무역, 외교, 전쟁, 인물에 이르기까지 하나의 국가가 국가로서 존재하고 영유하는 모든 것을 다루고 있습니다. 한 국가를 이야기할 때 경제나 사회의 영역을 충분히 이해했다 해도 '이 나라는 이런 나라다.' 하고 한마디로 정의하기는 어렵습니다. 인물이나 역사적 사건과 같은 눈에 보이는 사실과 이념, 사고, 철학과 같은 눈에 보이지 않는 특성까지 좀 더 유기적이고 종합적인 사고를 해야 한 나라를 이해하고 정의할 수 있습니다. 이 책을 통해 합리적이고 논리적으로 사고하는 습관을 자연스럽게

기를 수 있습니다.

둘째, 글로벌 리더를 위한 최적의 교양서입니다.

4차 산업 혁명 시대라 하더라도 모든 나라가 해체되는 것은 아닙니다. 세계화 속도가 점점 가속화되는 글로벌 시대에 꼭 필요한 소양은 역설적이게도 각 나라에 대한 수준 높은 정보입니다. 일반적으로 알려진 상식의 폭을 확대할 수 있어야 합니다. 미국과 중국의 무역 분쟁이나 우리나라와 일본의 갈등에서도 볼 수 있듯 세계 곳곳에는 국가 사이의 특수한 사정과 역사로 인해 각종 사건과 사고가 터져 나오고 있습니다. 한 국가의 성장과 번영은 자국의 힘과 노력만으로는 가능하지 않습니다. 가깝고 먼 나라와의 유기적인 관계 속에서 평화를 지키고 때로는 힘을 겨루면서 이루어집니다. 한편 G1, G2라 불리는 경제 대국, 유럽 연합EU이나 아세안ASEAN 같은 정부 단위 협력 기구 사이에 일어나는 상호 이해관계도 중요해지고 있습니다. 〈세계통찰〉 시리즈는 미국, 중국, 일본, 아세안, 유럽 연합, 중남미 등 지구촌 모든 대륙과 주요 국가를 공부하는 데 반드시 필요한 영역을 씨실과 날실로 엮어서 구성하고 있습니다.

마지막으로 〈세계통찰〉 시리즈는 글쓰기, 토론, 자기 주도 학습, 공동 학습에 최적화된 가이드 북입니다.

저는 30년 이상 교육 현장에 있으면서 토론, 그중에서도 대립 토론debating 수업을 강조해 왔습니다. 학생 스스로 자료를 찾고 분류하며 자신만의 생각을 정리하고 발표하는 방식입니다. 이때 다른 사람의 생각을 경청하고 공감하는 학생일수록 주도적이고도 창의적인 인재로 성장하는 것을 보았습니다. 〈세계통찰〉 시리즈가 보여 주는 형식과 내용은 학생과 교사 모두에게 긍정적인 영향을 줄 것이라고 확신합니다.

　가까운 미래에 글로벌 리더로서 우뚝 설 우리 청소년에게 힘찬 응원의 메시지를 보냅니다.

박보영(교육학 박사, 박보영 토론학교 교장, 한국대립토론협회 부회장)

1장

**태평양 연안에서 대서양 연안까지,
미국을 하나로 결속시킨**

대륙 횡단 열차

동서를 연결하는 대륙 횡단 철도 건설을 시작하다

미국은 17세기 영국에서 유입된 개신교의 한 교파인 청교도가 개척을 시작한 뒤 주로 대서양과 마주한 동부 지역을 중심으로 발전했습니다. 육로를 통해 태평양과 마주한 서부 지역으로 가려면 인디언이 다스리는 지역을 통과해야 했기 때문에 서부로 간다는 것은 목숨을 내놓아야 하는 위험한 여정이었습니다. 사람들은 어쩔 수 없이 남

인디언 때문에 서부로 가기 힘들었던 미국인

대륙 횡단 철도에 매진했던 에이브러햄 링컨 대통령

아메리카 대륙 끝자락을 돌아가는 바닷길을 선택해야 했고, 그 여정에는 1년이라는 긴 시간이 필요했습니다.

미국의 동부와 서부가 물리적으로 차단되어 있다 보니 국토의 균형 발전은 요원했습니다. 문제를 해결하는 유일한 방법은 대륙 횡단 철도를 건설하는 것이었습니다. 그렇지만 오늘날 같은 첨단 건설 장비 없이 4,000km가 넘는 구간에 오로지 인간의 노동력만으로 철도를 놓는 것은 불가능에 가까운 일이었습니다. 하지만 불굴의 의지를 지녔던 미국 제16대 대통령 에이브러햄 링컨은 대륙 횡단 철도 건설이 결코 실현 불가능한 꿈이 아니라는 사실을 잘 알고 있었습니다.

남북 전쟁이 한창이던 1862년, 링컨은 과감하게 대륙 횡단 철도 건설에 나섰습니다. 대륙 횡단 철도 건설에 가장 큰 문제는 천문학적인 건설 비용이었습니다. 당시 링컨이 대통령으로 집권하던 북부 연방은 전쟁 비용도 마련하기 쉽지 않은 상황이었기 때문에 횡단 철도 건설 비용까지 감당하는 것은 만만치 않은 일이었습니다.

링컨은 예산 부족 문제를 해결할 방안으로 철도를 건설하는 회사에 공사 구간의 난이도에 따라 선로 1마일당 1만 6,000달러에서 4만 8,000달러까지 공사 대금을 차등 지급하겠다고 했습니다. 산이나 절벽을 깎아 만든 선로는 평지에 개설하는 선로보다 대금을 더 많이 지급하는 방식이었습니다. 여기에 더해 공사 구간의 철도 소유권을 건설 회사에 영구적으로 주겠다고 약속했습니다.

이 제안에 사업가들이 별다른 호응을 보이지 않자 링컨은 더욱 달콤한 조건을 제시했습니다. 그것은 바로 철도 인근의 막대한 국유지를 철도 건설 회사에 무상으로 주는 특혜였습니다. 기업 입장에서는 철도를 부설하기만 하면 철도 주변의 땅과 함께 땅속에 있는 엄청난 양의 천연자원까지 차지할 좋은 기회였습니다.

결국 센트럴퍼시픽Central Pacific과 유니언퍼시픽Union Pacific이라는 대형 철도 운송 회사가 대륙 횡단 철도 건설 계획에 참여하게 되면서 새로운 역사가 시작되었습니다. 링컨은 공사 기간을 단축하기 위해 센트럴퍼시픽은 태평양 연안에서, 유니언퍼시픽은 미국 동부 지역에서 철도 건설을 시작하도록 했습니다. 또한 두 회사가 건설한 철도의 길이만큼 공사 대금과 땅을 지급하는 경쟁 체제를 도입했습니다. 이에 두 회사는 땅을 한 뼘이라도 더 차지하기 위해 치열한 속도 경쟁을 하게 됩니다.

하지만 철도 건설 회사의 예상과 달리 선로 부설은 좀처럼 속도를 낼 수 없었습니다. 건설 현장에서 일할 노동자가 턱없이 부족했기 때문입니다. 맨손으로 철도를 놓는 일은 고된 노역의 연속인데다, 이곳은 언제든지 인디언의 습격을 받을 수 있는 위험 지대였습니다. 인디언은 횡단 철도 건설이 자신들의 삶에 미치는 영향을 잘 알고 있었습니다. 이에 철도 공사 현장을 수시로 습격해 노동자를 잔혹하게 죽임으로써 철도 건설을 막으려고 했습니다. 철도 부설이 인력 부족으로 난항을 겪게 되자 정부는 새로운 해결책으로 중국인 노동자를 들여오기로 했습니다.

철도 건설을 위해 희생된 중국인

과거 인도를 지배한 영국은 인도인을 두고 '쿨리Coolie'라 불렀습니다. 이 단어 속에는 인간에게 표현할 수 있는 모든 무시와 모멸이 담겨 있습니다. 게으르고, 무능하고, 아둔한 사람을 뜻하는 말로 백인과 결코 같을 수 없는 부류의 사람을 뜻합니다. 미국인은 철도 건설을 위해 건너온 중국인 노동자를 부를 때도 '쿨리'라는 단어를 사용했습니다.

중국인은 미국이 요청해서 미국으로 왔습니다. 철도 건설 사업이 진퇴양난에 빠지자 미

일자리를 찾아 해외를 전전한 중국인 노동자

대륙 횡단 철도 건설에 나선 중국인 노동자

국 정부는 청나라*에 노동 인력을 보내달라고 졸랐습니다. 미국의 요청에 청나라는 지원자를 모집해 낡은 화물선에 태워 보냈습니다. 철도 건설 현장에 도착한 중국인 노동자를 본 백인들은 걱정이 앞섰습니다. 백인이나 흑인에 비해 왜소한 체격이었고 건설 현장에서 근무한 경험이 전혀 없는 중국인이 힘든 철도 부설 작업을 감당할 수 있을지 의문스러웠기 때문입니다.

중국인이 오기 전에는 아일랜드 노동자가 몰려왔지만 대부분 버티지 못하고 떠났습니다. 당시 미국에 이민 온 아일랜드 사람들은 극심

---

* 중국의 마지막 왕조(1616~1912년)

위험천만한 대륙 횡단 철도 건설 작업

한 기근을 피해 목숨이라도 건지기 위해 무작정 미국행 배를 타고 온 사람들로, 호구지책을 마련하기 위해 찬밥 더운밥 가릴 처지가 아니 었음에도 힘든 철도 건설 작업을 견디지 못했습니다. 철도를 건설하 는 것은 극한의 인내심이 요구되는 고된 일이었기 때문에 노동에 대 한 보수를 후하게 주더라도 백인은 그 일을 꺼렸습니다.

중국인 노동자 1만 2,000명은 백인 노동자의 절반에도 미치지 못 하는 임금을 받으며 가장 힘든 구간에 집중적으로 투입되었습니다. 철도 부설 공사 중 가장 어려운 구간은 시에라네바다_{Sierra Nevada}산맥 을 넘는 일이었습니다. 이 산맥은 캘리포니아주 동쪽 지역을 남북으 로 가로지르는 산줄기로, 최고봉인 휘트니_{Whitney}산의 경우 미국에서 가장 높은 해발 4,421m에 달해 인간의 접근이 불가능할 정도로 험준

대륙 횡단 철도의 난코스였던 시에라네바다산맥

했습니다.

중국인 노동자들은 해발 3,000m가 넘는 산 절벽에 밧줄로 몸을 묶은 상태로 매달려 망치와 정을 이용해 산을 깎았습니다. 1만 2,000명이나 되는 중국인 노동자가 온종일 매달려 산을 깎아도 작업이 더디게 진행되자 최종 해결책으로 폭탄을 이용하게 되었습니다. 중국인 노동자들은 온몸에 폭탄을 둘러맨 채 밧줄을 타고 절벽으로 내려가 구멍을 뚫고 폭탄을 터트리는 작업에 동원되었습니다. 이 과정에서 많은 중국인이 목숨을 잃었습니다. 폭탄 설치 작업 중 불량 폭탄이 폭발하거나, 조작 미숙으로 중간에 터지는 경우가 허다했기 때문입니다.

만약 작업 도중에 폭탄이 터져 중국인 노동자가 3,000m 아래로 떨어지면 회사 측은 사망 처리로 마무리 지었을 뿐, 보상하거나 시신을 찾아 장례식을 치러 주는 일은 결코 없었습니다. 시에라네바다산맥에 철길을 건설하는 작업에 투입된 중국인 노동자 중 무려 3,000명이 현장에서 즉사해 시신조차 고향으로 돌아가지 못했습니다.

1865년 마침내 중국인 노동자의 희생 덕분에 험준한 시에라네바다산맥에 철도가 놓이면서 공사 구간 중 최대 난제가 해결되었습니다. 중국인 노동자는 시에라네바다산맥 건설 현장뿐 아니라, 대륙 횡단 철도 건설 현장 전 과정에 수십만 명이 투입되어 큰 기여를 했습니다. 당시 "철도 침목 하나에 쿨리 한 명이 깔려 있다."라는 말이 유행했을 정도로 중국인 노동자가 없었다면 대륙 횡단 철도는 결코 완공될 수 없었을 것입니다. 하지만 성대하게 치러진 철도 준공식에 정작 중국인 노동자는 한 명도 초대받지 못했습니다.

1869년 5월 10일 미국 중서부에 있는 유타주 솔트레이크시티Salt Lake City 북부에서 동쪽과 서쪽에서 마주 향해 달려오던 철도가 드디어 연결되었습니다. 이 역사적인 사건을 기념하기 위해 미국인들은 두 철도가 연결되는 곳에 순금으로 만든 대못을 박는 행사를 개최했습니다.

그동안 중국인들은 대륙 횡단 철도 공사에서 피땀 흘려 번 돈을 악착같이 모았고, 고국에 있는 가족을 미국으로 초청해 새로운 인생을 개척하고자 했습니다. 그러나 미국 백인은 중국인이 미국으로 들어오는 것을 환영하지 않았습니다. 중국인을 자유롭게 드나들도록 한다면 미국 서부가 온통 중국인으로 가득할 것이라고 우려해 중국인

솔트레이크시티에서 마침내 동서로 연결된 대륙 횡단 철도

의 이민을 방지할 대책을 마련하기 시작했습니다.

1882년 5월, 미국 의회는 '중국인 배척법'을 만들어 중국인의 시민권 획득을 금지하는 동시에 20년 동안 중국인의 이민을 금지했습니다. 이 법은 미국 내 중국인 인구 증가를 막는 데 큰 효과를 발휘했습니다. 당시 철도 부설을 위해 미국으로 건너온 중국인 노동자는 모두 독신 남성이었고, 중국에서 들어오는 신부를 맞이하지 못하면 자손을 남기지 못한 채 세상을 떠나야 했습니다.

중국인 노동자들은 결혼을 위해 고향으로 돌아가든지 아니면 미국에 남아 혼자 살든지 둘 중 하나를 선택해야 하는 처지에 내몰렸습니다. 이 같은 미국의 인종 차별 정책에 중국인의 분노가 폭발하자, 연방 정부는 불만을 무마하기 위한 대책을 내놓았습니다. 그것은 바로 자치권을 최소한으로 부여하는 '차이나타운' 건설이었습니다. 이후 중국인은 로스앤젤레스와 샌프란시스코에 그들만의 집단 거주지인 차이나타운을 만들어 오늘날까지 계속 유지해 오고 있습니다.

대륙 횡단 철도 건설로 본격화된 산업화

1869년 대륙 횡단 철도 개통으로 미국은 개척된 지 250여 년 만에 대서양에서 태평양을 아우르는 대국의 면모를 갖추게 되었습니다. 마차를 타면 5개월이나 걸리던 동서 횡단 길은 불과 엿새로 줄어들었습니다. 철도를 이용해 천연자원과 제품을 운송하면서 운송비가 크게 줄어들었습니다. 철도는 마차보다 훨씬 많은 양을 한 번에 실어 나르기 때문에 미국 경제에 일대 물류 혁신을 몰고 왔습니다.

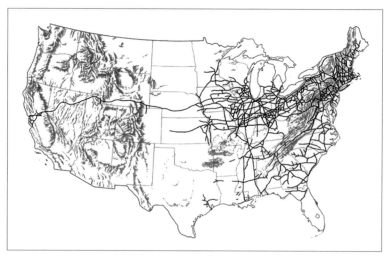

1870년 기본 골격을 갖춘 미국의 철도망

철도 교통의 요지마다 도시가 생겨나면서 동부 지역에 모여 살던 미국인들이 중부와 서부 지역으로 이주하기 시작했습니다. 오마하, 캔자스시티, 오클랜드 등 철도가 생기기 이전에는 존재하지 않았던 도시가 계속 생겨나면서 미국은 균형 있는 발전을 했습니다.

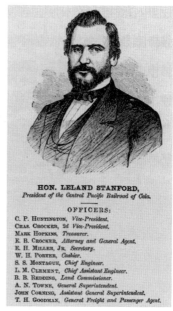

대륙 횡단 철도라는 대업을 이룬 릴런드 스탠퍼드

시간이 흐르자 더욱 많은 철도가 미국 전역에 놓였고, 20세기 이후 자동차가 대량 보급될 때까지 철도는 미국에서 가장 중요한 교통 인프라*였습니다. 서부와 남부에서 생산된 석유는 철도를 통해 동부와 북부의 산업 도시로 수송되었습니다. 그 덕분에 석유왕 존 록펠러John Rockefeller 같은 대재벌이 탄생했습니다. 대륙 횡단 철도 건설의 주역인 센트럴퍼시픽의 소유주 릴런드 스탠퍼드Leland Stanford는 철도 사업으로 막대한 돈을 벌어들였고, 서부에 자신의 이름을 딴 최고의 명문 스탠퍼드 대학을 세우기도 했습니다.

대륙 횡단 철도가 미국 경제에 미친 영향은 통계를 보면 쉽게 알 수 있습니다. 1900년도 미국의 산업 생산량은 철도가 본격적으로 이

---

* 생산 활동에 꼭 필요한 사회 기반 시설. '사회 간접 자본'이라 부르기도 한다.

미국 발전의 기폭제가 된 대륙 횡단 철도

용되기 시작한 1870년보다 네 배에 이를 정도로 대륙 횡단 철도는 산업화에 결정적인 영향을 미쳤습니다.

또한 대륙 횡단 철도는 서부 개척 시대를 앞당김으로써 미국이 태평양을 건너 세계로 뻗어 가는 계기를 마련했습니다. 미국인들이 대서양에 접한 동부 지역에 모여 살 때는 유럽만 바라보고 살았습니다. 그러나 드넓은 태평양을 마주하고부터는 아시아를 비롯한 전 세계로 진출할 수 있는 길이 열리게 되었습니다. 미국은 철도 부설 이후 서부 지역을 개척하면서 세계를 제패하겠다는 야심을 갖게 됩니다.

대륙 횡단 철도는 미국의 산업화와 경제 발전의 기폭제가 되었지만 모두에게 좋은 것만은 아니었습니다. 대륙 횡단 철도가 개통되면서 수천 년간 북미 대륙의 주인으로 살았던 인디언의 공간은 빠르게 사라졌습니다. 고유문화를 간직하며 살고 있던 인디언의 땅에 굉음

대륙 횡단 철도 때문에 떼죽음을 당한 버팔로

을 내며 달리는 열차가 지나가자 인디언은 어쩔 수 없이 정든 고향을 등지고 열차가 다니지 않는 깊은 산속으로 들어가야 했습니다. 또한 철도 운영에 방해가 된다는 이유로 백인은 아메리카들소 수천만 마리를 죽였습니다.

대륙 횡단 철도는 유럽에서 이주해 온 백인에게는 더할 나위 없는 축복이었지만, 오래 전부터 미국 땅에 뿌리내리고 살던 인디언과 아메리카들소인 버팔로에게는 역사상 최악의 재앙이었습니다.

비행기와 자동차의 보급으로 사양 산업이 되고 있는 미국의 철도

제2차 세계대전까지만 하더라도 철도는 운송 수단의 중심이었지만 비행기와 자동차가 널리 보급되자 철도의 입지가 급격히 줄어들었습니다. 비행기는 드넓은 미국을 가장 신속하게 연결해 주었고, 자동차는 원하는 때 원하는 곳으로 이동할 수 있다는 장점으로 철도의 영역을 잠식해 갔습니다.

사람들이 철도를 외면하자 파산하는 철도 회사가 속출했고 투자가 제대로 이루어지지 않으면서 철도 산업은 점점 더 낙후되었습니다. 대다수 국가에서 철도는 국가 소유의 기간산업으로 정부 차원의 지원이 뒤따랐습니다. 하지만 민간 기업이 주인인 미국에서는 정부의 전폭적인 지원을 기대할 수 없는 처지였습니다.

미국의 철도 산업이 부진을 면치 못하는 사이에 1964년 일본에서 철도 역사에 길이 남을 고속 철도 신칸센이 탄생했습니다. 일본은 오랜 기간 막대한 연구 개발비를 투자해 시속 200km 이상으로 달릴 수 있는 신칸센을 개발했으며 이로 인해 철도 여행의 새로운 장이 열렸습니다. 당시까지만 하더라도 철도가 시속 200km를 넘는다는 것은 생각하지도 못한 일이었습니다. 신칸센은 버스나 비행기보다 안전성과 정숙성이 탁월해 일본인에게 폭발적인 인기를 끌었습니다. 신칸센은 1964년 개통 이후 설비 결함 사고로 인한 사망자가 한 명도 발생하지 않을 정도로 안전성을 자랑하고 있습니다.

일본에 이어 프랑스도 테제베TGV라는 고속철 개발에 성공하면서 고속 철도는 유럽과 아시아를 중심으로 급속하게 퍼져 나갔습니다.

미국의 철도 회사도 고속 철도에 관심이 없었던 것은 아니지만 막대한 연구 개발비를 감당할 길이 없어 다른 나라의 성공을 바라만 보

세계 최초로 고속 철도 시대를 연 일본의 신칸센

아야 했습니다. 이들은 외국의 기술을 들여와 고속 철도를 건설하려 했지만 투자 비용을 제대로 마련하지 못해 사업을 적극적으로 추진하지 못하고 있습니다. 다른 나라에서는 고속 철도 부지를 마련하기 위해 정부가 적극적으로 법에 따른 보상금을 주고 개인의 토지를 강제로 수용하면 되지만 이는 사유재산을 중시하는 미국에서는 불가능한 일입니다.

철도 회사는 토지 소유자가 원하는 비싼 값에 땅을 사야 하기 때문에 토지 구입비만 해도 천문학적인 돈이 듭니다. 만약 토지 소유자가 땅을 팔지 않겠다고 하면 사업을 제대로 추진할 수 없습니다. 이에 미국에서 고속 철도 사업을 연방 정부의 특별한 대책 없이는 추진하기 쉽지 않은 것이 현실입니다.

여러 가지 이유로 부진을 면치 못하던 미국의 철도 산업이 2001년

9·11 테러가 발생하면서 다시 부각하기 시작했습니다. 9·11 테러범이 민간 항공기를 공중 납치해 자폭함으로써 희생자가 수천 명 나왔는데, 사건 당시 비행기에 타고 있던 그 누구도 살아남지 못했습니다. 이에 미국 사람들은 유사시 탈출할 수 있는 철도를 다시 찾기 시작했지만 예전의 영화를 되찾기에는 역부족이었습니다.

그런데 2000년대 들어 국제 유가가 가파르게 오르면서 철도 산업에 봄바람이 불어왔습니다. 여행객들은 예전처럼 항공기와 자동차를 주로 이용했지만, 화물 운송 분야에서는 철도의 역할이 증대되었습니다. 그동안 화물을 가득 실은 대형 트럭이 드넓은 미국을 휘저으며 다녔지만 기름값이 치솟으면서 수송 비용도 덩달아 상승했습니다. 더구나 대형 화물 트럭은 이산화탄소를 비롯한 각종 오염 물질을 대량으로 배출하기 때문에 대기 환경에도 좋지 않은 영향을 미칩니다.

수송의 효율성으로 다시 주목받는 미국 철도

고유가가 지속되자 운송 비용이 대형 트럭의 3분의 1밖에 들지 않고 오염 물질의 배출도 적은 화물 철도가 다시 각광받기 시작해 철도에 대한 투자가 급증하며 철도 산업이 기지개를 켜기 시작했습니다. 100~200량에 이르는 화물칸을 연결해 운행할 수 있는 미국의 화물 열차는 대형 트럭과는 비교할 수 없을 만큼 많은 화물을 한 번에 실어 나를 수 있어 제대로만 운영된다면 경쟁력이 있는 상태였습니다.

투자에 관한 한 타의 추종을 불허하는 안목을 지닌 억만장자 워런 버핏Warren Buffett은 2009년 무려 440억 달러라는 거금을 들여 철도회사를 인수해 세상을 깜짝 놀라게 했습니다. 그는 투자자들이 사양 산업인 철도에 거금을 투자하는 것에 대해 우려를 표하자 "철도는 고유가 시대가 오고 환경 규제가 강화될수록 수익이 커지는 산업이다."라며

철도의 부활을 기대하는 워런 버핏(왼쪽)

자신이 올바른 선택을 했음을 주장했습니다. 또한 "석유는 쓰면 쓸수록 줄어들기 때문에 지금 당장이 아니더라도 미래에는 철도가 빛을 볼 것이라는 확신 아래 장기 투자처로 철도 산업을 선택했으며, 결과는 시간이 지나면 확인할 수 있을 것이다."라고 말하기도 했습니다.

하지만 워런 버핏이 세계적인 억만장자라고 할지라도 혼자서 미국의 철도 산업을 부활시키기에는 역부족입니다. 미국 정부의 적극적인 개입 없이는 미국 철도 산업의 완벽한 부활은 요원한 것이 오늘날 미국의 현실입니다.

★

새로운 활로를 찾아야 하는
미국 철도

미국의 영토는 한국의 100배에 이르기 때문에 고속 철도로 장거리를 이동하는 것은 시간과 비용 면에서 불리하다. 고속 철도는 이동 거리가 1,000km 미만일 때 항공기에 비해 경쟁력을 갖는다. 하지만 미국의 영토는 너무 넓어 일부 노선만이 경쟁력을 갖고 있다. 철도 전문가는 미국 철도가 더는 화물이나 승객의 운송에만 의존하지 않고 새로운 활로를 찾아야 한다고 말한다.

이때 좋은 사례로 드는 것이 남아프리카공화국의 관광용 철도다. 다른 아프리카 국가와 달리 남아프리카공화국은 오래전부터 백인이 철도를 많이 만들었다. 남아프리카공화국도 한때는 철도가 가장 중요한 운송 수단이었지만 자동차와 항공기가 보급된 이후 미국처럼 경쟁력을 잃었다. 이후 철도 업체는 철도를 관광용으로 활용하기 시작했다. 다른 나라에서는 경험할 수 없는 고품격 서비스를 제공하면서 내국인은 물론 해외 관광객에게 큰 인기를 끌고 있다.

특히 19세기 유럽의 호화로운 귀족의 삶을 경험할 수 있는 로보스레일 Rovos Rail은 경제적 여유가 되는 사람이라면 한 번쯤 꼭 타 보고 싶은 관광 열차다. 로보스레일은 야생 동물이 자유로이 뛰어다니는 광활한 아프리카의 자연을 만끽하도록 일부러 천천히 달린다. 열차는 최고급 호텔 수준

최고급 서비스로 관광객의 인기를 끄는 남아프리카공화국의 로보스레일

의 객실을 갖추어 승객은 편하게 여행할 수 있다. 승객은 수준급 셰프가 선보이는 맛있는 음식과 숙련된 승무원의 친절한 서비스도 받을 수 있다. 2박 3일짜리 여행의 경우 요금이 수천 달러에 이르지만 전 세계로부터 이용객이 쇄도하고 있다. 천천히 달리는 열차에서 와인을 마시며 사자들이 먹이를 사냥하는 장면을 보는 일은 다른 나라에서는 볼 수 없는 광경이다.

남아프리카공화국뿐만 아니라 일본의 철도 회사도 관광 열차 운행에 열을 올리고 있다. 노령화가 심각한 사회 문제인 일본은 노인을 대상으로 한 관광 열차를 운행해 선풍적인 인기를 얻고 있다. 철도 회사는 멋진 노후를 보내고 싶은 부유한 노인층을 겨냥해 철도 차량을 노인들이 편히 이용할 수 있도록 의자부터 화장실까지 내부를 새롭게 설계했다. 또 나이 든 승객들이 부담 없이 먹을 수 있는 스시나 된장국 같은 전통 요리를 제공한다. 물론 손님에게 제공하는 음식은 특급 호텔에서 만든 최고급 요리다.

알래스카 대자연을 감상할 수 있는 관광 열차

　미국도 관광 열차가 아예 없는 것은 아니다. 알래스카의 경우 관광 열차가 인기리에 운행되고 있다. 여름철 알래스카 관광 열차를 타면 새하얀 만년설과 웅장한 협곡, 바닥이 들여다보일 정도로 맑은 호수를 경험할수 있다. 또 운이 좋으면 곰이나 사슴이 지나가는 모습을 구경할 수 있다. 알래스카 관광 열차는 밖이 훤히 보이는 통유리로 천장을 만들어 짙푸른하늘과 솜사탕같이 하얀 구름을 감상할 수 있다. 미세 먼지 하나 없는 알래스카의 하늘은 보는 사람의 가슴을 시원하게 만든다.

　주마다 수많은 볼거리가 넘치는 미국에서 철도를 관광용으로 활용하면 새로운 기회를 잡을 수 있다는 의견 속에 점차 볼거리를 위한 열차가 늘어나고 있다.

2장

문화와 역사의 도시,

뉴올리언스

프랑스의 식민지로 개척된 루이 14세의 땅, 루이지애나

1682년 프랑스 사람 라살La Salle이 미시시피강을 탐험하면서 뉴올리언스의 역사가 시작되었습니다. 캐나다 접경지대의 이타스카호에서 발원한 미시시피강은 남쪽으로 장장 6,210km의 여정을 거쳐 멕시코만에 이릅니다. 미국을 남북으로 관통하는 미시시피강은 북미대륙에서 가장 긴 강일 뿐만 아니라 나일강, 아마존강에 이어 세계에

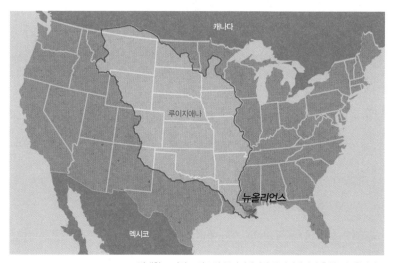

방대한 크기의 프랑스령 루이지애나와 루이지애나의 출입구 뉴올리언스

루이지애나의 주인이 된 루이 14세

서 3번째로 긴 강입니다. 지난 세월 동안 이 강은 수많은 원주민의 소중한 삶의 터전이었기 때문에 인디언들은 이 강을 두고 '위대한 강'을 뜻하는 '미시시피강'으로 불렀습니다.

라살은 미시시피강과 주변 지대에 대한 탐험을 마친 뒤 프랑스 국왕 루이 14세에게 이곳 땅을 바쳤습니다. 미시시피강 유역에는 수천 년 전부터

원주민인 아메리카 인디언이 살고 있었지만 라살은 원주민을 땅의 주인으로 인정하지 않았습니다. 한반도의 10배가 넘는 214만km²의 거대한 땅이 프랑스 영토가 되었습니다. 루이 14세는 새로 생긴 아메리카 대륙의 영토에 태양왕 '루이 14세의 땅'이라는 뜻의 '루이지애나'라는 지명을 붙였습니다.

아메리카 대륙 중부 지역 전체에 걸쳐 있는 루이지애나를 차지한 프랑스는 청교도의 정착을 계기로 동부 지역을 차지하고 있던 영국과 팽팽한 대치 상태를 이어 갔습니다.

1755년 영국과 프랑스는 아메리카 대륙을 두고 식민지 쟁탈 전쟁을 시작했습니다. 세계 최강 영국군보다 군사력에서 열세하던 프랑

스는 인디언까지 끌어들여 전쟁을 이어 가려고 했지만 전세를 바꾸는 데는 끝내 성공하지 못했습니다. 프랑스는 패전이 임박하자 루이지애나를 빼앗기지 않기 위해 이곳의 소유권을 스페인에 넘기는 조약을 체결했습니다. 7년이 넘도록 계속된 양국 간의 전쟁은 영국의 승리로 끝맺었지만 승전국인 영국도 막대한 타격을 입었습니다.

영국은 전쟁을 위해 막대한 전쟁 비용을 조달하는 과정에서 아메리카 식민지 수탈에 나섰습니다. 전쟁 이후 무리한 수탈이 이어지자 1776년 7월 4일 아메리카 식민지인들이 독립을 선언하면서 영국과 전쟁을 벌였습니다. 영국에 앙심을 품고 있던 프랑스는 독립 전쟁을 일으킨 이들에게 대대적인 지원을 아끼지 않았습니다. 영국군에 비해 형편없는 군사력을 보유하고 있던 아메리카 식민지인들은 프랑스의 전폭적인 지원 덕분에 독립 전쟁을 치를 수 있었습니다.

1783년 독립 전쟁은 식민지인의 승리로 끝나 아메리카 대륙에 세계 최초로 국민이 주권을 가진 공화국이 탄생했습니다. 반면에 프랑스 왕조는 몰락의 길을 걷기 시작했습니다. 프랑스는 아메리카 독립 전쟁을 지원하기 위해 국민에게서 너무 많은 세금을 거두었기 때문입니다. 과도한 세금 징수는 국민의 강력한 반발을 불러왔습니다. 이로 인해 1789년 프랑스 대혁명이 일어나면서 프랑스의 절대 왕정은 막을 내리게 되었습니다. 왕정이 몰락하고 등장한 공화 정부 역시 신생 독립국 미국과 돈독한 관계를 유지하며 힘을 합쳐 세계 최강 대국 영국을 견제하려고 했습니다.

나폴레옹, 아메리카 대륙 정복의 꿈

미시시피강은 미국 북부에서 남부 멕시코만에 이르기까지 길게 연결되어 있어 프랑스 식민지 개척 초기부터 물자와 사람이 이동하는 중요한 통로로 활용되었습니다. 미시시피강 끝자락에 있는 뉴올리언스는 멕시코만과 맞닿아 있기 때문에 물자 수송을 위해 반드시 거쳐야 하는 내륙 수상 교통의 요지로 18세기 초부터 개척되었습니다.

뉴올리언스는 광대한 루이지애나를 드나드는 관문으로 번영을 누렸으며 프랑스인이 몰려들면서 도시의 모습을 갖추어 갔습니다. 프랑스 정착민은 뉴올리언스의 비옥한 땅을 활용하기 위해 아프리카 기니에서 흑인 노예를 데려와 담배와 목화 농장을 만들었습니다. 뉴올리언스는 영국과 벌인 전쟁 막바지에 스페인의 영토로 편입되기는 했지만 프랑스 정착민은 예전과 변함없이 뉴올리언스에서 주인 노릇을 했습니다.

아메리카 대륙을 지배하려 한 나폴레옹 1세

1795년 신생 독립국 미국은 스페인과 조약을 맺어 미시시피강에서 자유롭게 항행할 수 있는 권리와 뉴올리언스 항구의 무관세 자유 이용권을 보장받았습니다. 끊임없이 서쪽으로 영토를 확장해 나가던 미국에게 뉴올리언스 항구와 미시시피강은 중요한 전략적 요충지였습니다.

그런데 1799년 프랑스에서 나폴레옹 1세가 쿠데타를 통해 권좌에 오르면서 다시 전운이 감돌기 시작했습니다.

세계 정복이라는 꿈을 꾸던 나폴레옹은 유럽을 넘어 아메리카 대륙을 차지하기 위해 루이지애나를 스페인에게서 되찾고자 했습니다. 그동안 스페인은 프랑스를 대신해 루이지애나를 관리하고 있었기 때문에 나폴레옹이 반환을 요구하자 프랑스의 요구를 받아들일 수밖에 없었습니다.

1800년 프랑스는 스페인과 비밀 조약을 맺어 루이지애나에 대한 소유권을 돌려받았습니다. 나폴레옹이 집권한 뒤 아메리카 대륙을 차지하기 위한 야심을 드러내자 그동안 우호적 관계를 유지해 왔던 미국과 프랑스의 관계는 급격히 냉각되었습니다. 미국은 프랑스에 미국인이 미시시피강과 뉴올리언스 항구를 자유로이 이용할 수 있도

세계 최강인 나폴레옹 1세의 프랑스군을 물리친 아이티 위치

풍토병에 걸려 원주민에게 패배한 프랑스 최정예 군대

록 요구했습니다. 그러나 나폴레옹은 이를 단호히 거절했습니다. 나폴레옹은 루이지애나를 미국 침략의 거점으로 삼기 위해 그동안 루이지애나에서 누리던 미국인의 권리를 모두 박탈하는 조치를 했습니다. 이는 미국에 큰 위협으로 다가왔습니다.

그런데 아메리카 대륙 정복 계획을 착실히 추진하던 나폴레옹에게 예상하지 못한 일이 찾아왔습니다. 1791년 카리브해에 있는 프랑스의 식민지 아이티에서 무장 독립운동이 일어났습니다. 이를 수월하게 진압할 수 있을 것이라는 예상과 달리 프랑스는 고전을 면치 못했습니다. 나폴레옹은 1802년, 2만 명이 넘는 프랑스 최정예 원정군을 아이티에 상륙시켜 현지인의 독립 투쟁을 무력화하고자 했습니다.

나폴레옹은 아이티 정벌을 마친 원정군을 뉴올리언스로 보내 미국 침략의 선봉장으로 활용하려고 했습니다. 몇 개월이면 충분할 것이라고 생각했던 아이티 정벌은 흑인 노예 출신 원주민들의 거센 저항에 부딪혀 시간이 갈수록 프랑스군 희생자만 눈덩이처럼 늘어났습니다. 열대 기후에 익숙하지 않았던 프랑스 병사들은 풍토병인 황열병이나 말라리아에 걸려 제대로 싸워 보지도 못하고 세상을 떠났습니다. 최정예 원정군 3분의 2가 아이티에서 죽음을 맞이하자 나폴레옹은 아메리카 정복의 꿈을 접을 수밖에 없었습니다. 아이티에서 막대한 타격을 입은 프랑스군은 뉴올리언스로 오지 못하고 패잔병이 되어 프랑스로 발길을 돌렸습니다.

1,500만 달러로 루이지애나를 산 토머스 제퍼슨의 외교술

미국의 제3대 대통령 토머스 제퍼슨Thomas Jefferson은 자유와 평등의 이념을 담은 독립 선언문을 기초한 건국의 아버지입니다. 1800년 대통령 선거에서 당선된 토머스 제퍼슨에게 프랑스의 독재자 나폴레옹의 침략 위협은 집권 초기 가장 큰 골칫거리였습니다.

프랑스는 루이지애나를 스페

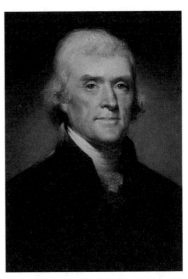

프랑스령 루이지애나 매입에 나선 토머스 제퍼슨

인으로부터 돌려받은 뒤 미국인의 뉴올리언스 항구 이용과 미시시피 강 항행권에 제재를 가했습니다. 북부 지역에서 생산된 각종 농산물과 가죽 제품이 미시시피강과 뉴올리언스 항구를 통해 인구가 몰려 사는 동부 지역으로 수송되었는데 나폴레옹이 지나치게 많은 통행료를 요구하는 등 온갖 횡포를 부리자 미국인은 엄청난 경제적 타격을 입었습니다. 이에 제퍼슨은 빼앗긴 권리를 되찾기 위해 대책을 마련해야 했습니다. 제퍼슨은 과거 프랑스 주재 미국 공사로 일한 적이 있어 프랑스에 대해 지식이 있었으며, 이는 외교 정책을 세우는 데 큰 도움이 되었습니다.

제퍼슨은 로버트 리빙스턴Robert Livingston 파리 주재 미국 공사에게 '나폴레옹이 루이지애나를 미국에 팔지 않을 경우 영국과 힘을 합쳐 프랑스를 공격할 것'이라는 내용의 밀서를 보냈습니다. 그런데 제퍼슨은 이 밀서의 내용을 일부러 흘려 프랑스 스파이들이 내용을 알 수 있도록 했습니다. 제퍼슨이 이 같은 계략을 사용한 이유는 나폴레옹에게 뉴올리언스 항구 사용권이라도 얻어내기 위해서였습니다.

1803년 4월 제퍼슨은 뒷날 미국 대통령이 되는 제임스 먼로James Monroe를 필두로 대표단을 구성해 프랑스로 보냈습니다. 제임스 먼로는 나폴레옹을 만난 자리에서 뉴올리언스를 매입하겠다고 제안했습니다. 그런데 뜻밖에도 나폴레옹에게서 루이지애나 전체를 사라는 제안을 받았습니다. 사실 제퍼슨과 제임스 먼로는 아메리카 대륙을 통째로 정복하려 했던 야심가 나폴레옹이 전략적 요충지인 뉴올리언스를 포기하지 않을 것이라고 예상했습니다. 그래서 프랑스가 제안을 거절할 경우 항구 사용권이라도 얻기 위해 전략을 세우고 있었습니다.

그런데 나폴레옹이 뉴올리언스만이 아닌 루이지애나 전부를 팔겠다는 엄청난 제안을 하자 미국 대표단은 귀를 의심하지 않을 수 없었습니다. 제임스 먼로가 뉴올리언스 항구 사용권을 얻기 위해 준비한 돈은 2만 달러에 불과했지만, 나폴레옹은 루이지애나 전체를 2,250만 달러에 사라고 제안했습니다. 이후 미국 대표단은 여러 차례 한 협상 끝에 1,500만 달러까지 가격을 낮추는 데 성공했습니다.

같은 해 4월 30일 미국 대표단은 임의로 나폴레옹과 루이지애나 매매 계약을 체결했습니다. 이는 나폴레옹의 마음이 바뀌기 전에 계약서에 사인하는 것이 최상의 방법이라고 판단했기 때문입니다. 프랑스 대표단은 미국 대표단을 향해 "좋은 물건을 싸게 사셨습니다. 잘 사용하기 바랍니다."라는 말을 하며 기뻐했습니다.

6월이 되어서야 이 소식을 접한 제퍼슨 대통령은 깊은 고민에 빠졌습니다. 미국 헌법 어디에도 대통령이 영토를 매입할 수 있다는 규정이 없었기 때문입니다. 따라서 제퍼슨이 임의로 루이지애나를 매입할 경우 이는 헌법에 위반될 가능성이 컸습니다. 그러나 그는 고심 끝에 의회

탁월한 협상력을 발휘해
루이지애나 매입에 성공한 제임스 먼로

의 승인을 받지 않은 상태에서 미국 대표단이 한 루이지애나 매입 결정을 승인했습니다. 언젠가 미국이 아메리카 대륙 전체를 호령하는 나라가 되려면 루이지애나가 반드시 필요하다고 판단했으며, 이 같은 기회가 다시 오지 않을 것을 잘 알고 있었기 때문입니다.

제퍼슨 대통령이 임의로 루이지애나를 매입했다는 소문이 알려지면서 미국 의회의 거센 반발에 부딪혔습니다. 당시 미국의 영토와 맞먹는 광대한 땅을 의회의 동의 없이 매입한 제퍼슨은 비난의 대상이 되었습니다. 격분한 일부 주에서는 연방을 탈퇴하려는 움직임을 보이기도 했습니다. 하지만 제퍼슨은 의회를 설득해 결국 동의를 얻어 내는 데 성공했습니다. 미국과 프랑스 사이에서 이뤄진 역사상 최대 규모의 부동산 매매 계약은 뒷날 미국이 세계 초강대국이 되는 발판이 되었습니다. 미국은 루이지애나를 매입함으로써 단번에 영토를 두 배로 확장할 수 있었고, 중부 지역을 차지함으로써 서부로 진출할 수 있는 교두보를 확보했습니다.

만약 아메리카 대륙 한가운데를 프랑스가 계속 차지하고 있었다면 미국은 결코 서부로 진출할 수 없었을 것입니다. 반면, 아메리카 대륙의 중요한

러시모어산에 거대한 석상으로 남은
미국 제 3대 대통령 토머스 제퍼슨

거점을 잃게 된 프랑스는 초강대국이 되지 못하고 쇠락의 길을 걷게 되며 유럽의 여러 국가 중 하나로 남게 되었습니다. 나폴레옹이 루이지애나를 팔려고 했던 당시 일부 현명한 신하들은 프랑스의 미래를 위해 절대로 루이지애나를 팔아서는 안 된다고 주장했습니다. 하지만 독재자 나폴레옹은 다른 사람의 목소리에 귀를 기울이지 않았습니다.

결과적으로 제퍼슨의 가짜 편지 하나가 미국을 반석 위에 올려놓았습니다. 뒷날 미국인은 제퍼슨의 위대한 업적을 기리기 위해 사우스다코타주 러시모어Rushmore 산에 그의 석상을 조각해 오늘날까지 변함없이 추앙하고 있습니다.

노예 해방으로 몰락한 백인의 상실감을 담은 희곡,
《욕망이라는 이름의 전차》

남부의 대표 항구 도시이자 가장 번성했던 뉴올리언스는 노예무역의 중심지였습니다. 아프리카에서 잡혀 온 노예들이 뉴올리언스에 있는 노예 시장에서 남부 전역으로 팔려 나갔습니다. 노예 제도가 유지되던 시절 뉴올리언스는 뉴욕에 이어 미국 제2의 도시로서 명성을 떨쳤습니다. 단지 뉴올리언스가 포함된 루이지애나주뿐만 아니라 남부의 다른 주 역시 흑인 노예의 노동력을 통해 막대한 수익을 올렸고 농장주는 황제나 다름없는 삶을 살았습니다.

하지만 1865년 에이브러햄 링컨이 남북 전쟁을 승리로 이끈 뒤 노

대저택을 짓고 살던 남부의 농장주

예 해방을 실천에 옮기면서 남부 농장주 중 상당수가 몰락했습니다. 일손이 절대적으로 부족했던 북부 자본가에게 값싼 흑인 노동력의 유입은 막대한 부를 축적할 좋은 기회였습니다. 하지만 노예 노동에 기반을 두고 농장을 운영하던 남부의 농장주에게 노예 해방은 파산 선고나 다름없었습니다. 이에 남북 전쟁이 끝나고 오랜 시간이 지난 뒤에도 남부 사람의 북부에 대한 반감은 좀처럼 사라지지 않았습니다.

1947년 미시시피주 출신 희곡 작가 테네시 윌리엄스Tennessee Williams 가 남부 백인의 몰락과 그들이 느낀 상실감을《욕망이라는 이름의 전차A Streetcar Named Desire》라는 작품에 담아내 많은 화제를 낳았습니다. 여주인공인 블랑쉬는 몰락한 남부 농장주의 딸입니다. 노예 해방이 되기 전까지만 하더라도 거대한 담배 농장을 소유했던 블랑쉬의 집

남북 전쟁 이후 쇠락한 미국 남부

안은 부족한 것이 없는 전형적인 남부의 상류층이었습니다. 청소나 빨래는 물론 옷을 입고 목욕하는 일조차 흑인 노예의 손을 빌렸던 블랑쉬 가문에게 노예 해방은 편리하고 격조 높은 생활이 끝났음을 의미했습니다.

당시 남부의 부유층 여성은 화려한 드레스를 입고 파티에서 멋진 남성과 데이트하는 것이 주된 일과였을 정도로 일상의 고단함과는 거리가 먼 생활을 했습니다. 하지만 노예 해방을 계기로 블랑쉬의 아버지가 운영하던 담배 농장이 몰락하면

영화로 만들어진 《욕망이라는 이름의 전차》

남부 지역에 부를 안겨 주었던 담배 농장

서 온 가족은 뿔뿔이 흩어져 살게 되었습니다. 블랑쉬는 고등학교 영어 교사로 생계를 이어 갔지만 그녀의 남편은 가정불화로 자살했습니다.

하나뿐인 여동생이 뉴올리언스로 떠나면서 블랑쉬는 혼자가 되었습니다. 이후 블랑쉬는 도덕적이지 못한 행동으로 학교에서 해고되어 여동생 스텔라가 사는 뉴올리언스로 가게 됩니다. 스텔라는 허름한 뒷골목에서 북부 출신 노동자 스탠리와 결혼해 살고 있었습니다. 블랑쉬의 눈에 비친 북부 출신 스탠리는 무식하고 거친 야만인과 같았습니다. 이는 그동안 남부 상류층이 북부 사람들을 천박하게 여겨왔던 시각을 작품 속에 그대로 드러낸 것이었습니다.

블랑쉬의 눈에 스탠리는 예의 없고 돈만 밝히는 북부 사람이었기 때문에 같이 살게 되면서 많은 문제가 발생했습니다. 스탠리 역시 자신을 무시하는 블랑쉬를 미워해 끊임없이 마찰을 빚었습니다. 블랑쉬는 몰락한 자신의 처지를 인정하지 않았으며 이는 주변 사람과 빚는 갈등의 원인이 되었습니다. 스탠리는 블랑쉬의 어두운 과거를 캐내 그녀에게 씻을 수 없는 모욕감을 주었습니다. 결국, 블랑쉬는 정신병자가 되면서 끝을 맺습니다.

작가인 테네시 윌리엄스는 남부 사람들의 처지를 생생하게 담아낸 이 작품으로 퓰리처상*을 수상했습니다.

뉴올리언스의 독특한 문화에서 탄생한 재즈

뉴올리언스는 미국의 다른 도시와 달리 프랑스인이 개척하였으며 잠시나마 스페인의 지배 아래 있었습니다. 프랑스와 스페인 사람은 미국 백인에 비해 상대적으로 흑인을 존중해 주었습니다. 미국 백인은 흑인과 피가 한 방울이라도 섞여 있으면 흑인으로 간주해 인종 차별의 대상으로 삼았습니다. 반면, 뉴올리언스를 개척한 유럽인은 아버지가 백인이면 어머니가 흑인 노예라고 해도 그 자녀를 백인 자녀와 동등하게 대접해 주었습니다.

유럽계 백인과 흑인 사이에 태어난 혼혈인을 크리올Creole**이라고 부르는데, 이들은 어려서부터 피아노와 바이올린 같은 음악 교육을

---

* 미국의 언론인 퓰리처의 유산으로 제정된 미국에서 가장 권위 있는 보도 · 문학 · 음악상
** 원래 유럽인의 후손으로 식민지 지역에서 태어난 사람을 의미했으나, 유럽계 정착민과 현지인 사이에서 태어난 혼혈인을 뜻하기도 한다.

재즈가 꽃을 피운 뉴올리언스

받았습니다. 크리올 중 일부는 좋은 아버지를 만난 덕분에 유럽으로 유학을 떠나 수준 높은 클래식 음악 교육을 받기도 했습니다. 크리올은 스스로 백인과 다름없는 존재로 여겼기 때문에 흑인 노예들에 대해 강한 우월감을 가지고 있었습니다.

1803년 미국이 루이지애나를 매입하고 백인이 주도권을 잡으면서 크리올의 지위가 크게 낮아졌습니다. 미국 백인은 크리올과 흑인 노예를 동일하게 취급했기 때문입니다. 그러나 크리올은 자유인의 신분이었기 때문에 흑인 노예보다는 훨씬 나은 처지에 있었습니다.

1865년 노예 해방이 이루어지자 흑인 노예 역시 형식적으로나마 자유인의 신분이 되었습니다. 해방 노예들이 크리올의 마을에 유입되면서 크리올 문화와 흑인 문화가 뒤섞이게 되었습니다. 크리올이 갖고 있던 유럽 문화와 흑인 문화가 합쳐지면서 새로운 문화가 탄생했는데, 그 대표적인 예가 재즈jazz입니다. 정상적인 음악 교육을 전혀 받지 못한 해방 노예에게 크리올이 음악 이론을 가르쳐 주면서 재즈가 탄생했습니다.

초창기 재즈는 술집 등에서 연주되던 하류층 전용 음악이었습니다. 가난한 크리올과 흑인은 악단을 조직해 뉴올리언스 유흥가에서 재즈를 연주하면서 어렵게 생활비 정도만 손에 쥐는 힘든 삶을 이어 갔습니다.

그런데 1917년 미국이 제1차 세계대전에 참전하면서 뉴올리언스가 군항으로 변하자 재즈 음악가들이 활동 무대로 삼던 유흥가를 정부가 폐쇄했습니다. 정부는 젊은이들이 국가의 부름을 받고 이역만리 유럽의 전장으로 떠나는 마당에 뉴올리언스 유흥가에서 재즈 음악이 흘러나오는 것을 용납할 수 없었기 때문에 한시적으로 유흥가를 폐쇄한 것입니다. 한순간에 일자리를 잃어버린 재즈 음악가들은 먹고살기 위해 뉴욕, 시카고 등 미국 전역의 대도시로 자리를 옮겨야 했습니다.

재즈 음악가들이 뉴올리언스를 벗어나 미국 각지로 퍼져 나가면서 재즈가 크게 확대되는 계기를 마련했습니다. 하지만 재즈는 어디를 가든지 유흥업소에서 담배를 피우고 술을 마시며 분위기를 돋울 때 사용하는 배경 음악에 지나지 않았고 재즈 음악가는 예술가 대접을 받지 못했습니다. 게다가 1920년대 미국 전역에서 금주법이 시행되자 술집에서 재즈를 연주하던 음악가들은 또다시 된서리를 맞아야 했습니다. 이번에도 재즈 음악가들은 호구지책으로 불법 술집에서 재즈를 연주했으며 이로 인해 재즈 음악은 더욱 부정적인 이미지를 갖게 되었습니다.

뉴올리언스가 낳은 재즈 황제, 루이 암스트롱

1901년 루이 암스트롱은 뉴올리언스의 빈민가에서 태어났습니다. 그는 학교에 다녀야 할 나이에 뉴올리언스 유흥가를 전전했습니다. 1913년 1월 1일, 암스트롱은 신년 축하 행사장에서 양아버지의 권총에 실탄을 장전해 하늘을 향해 마구 발사해 소년원으로 넘겨졌습니다. 폭력적이었던 암스트롱을 진정시키기 위해 보호 관찰관 피터 데이비스Peter Davis가 그에게 트럼펫과 비슷한 코넷이라는 금관 악기를 가르쳐 주었습니다. 암스트롱은 코넷이 내는 소리에 푹 빠져 틈만 나면 불어 댔고 소년원을 나올 즈음에는 수준급 연주 실력을 갖추었습니다. 소년원에서 보낸 지 2년 만에 사회로 나온 암스트롱은 재즈 악단에 들어가 트럼펫 연주자로 경력을 쌓았습니다.

1922년 암스트롱은 뉴올리언스를 떠나 시카고로 무대를 옮겨 재즈 음악가로의 삶을 이어 갔습니다. 탁월한 기량으로 시카고 재즈계를 평정한 그는 1925년 자신의 악단을 조직해 음반을 여러 장 발표했습니다. 당시 그가 남긴 음반은 오늘날에도 재즈 역사상 불후의 명반으로 손꼽히고 있습니다.

1930년대 암스트롱은 유럽까지 진출해 미국 재즈 음악의 정수를

재즈의 대가 루이 암스트롱

선보였습니다. 1964년 암스트롱이 발표한 노래 'Hello, Dolly헬로, 돌리'
는 빌보드 차트 1위에 올랐습니다. 1960년대 미국을 비롯한 전 세계
는 영국 출신 그룹 비틀스The Beatles의 독무대나 다름없었습니다. 그런
데 흑인 재즈 음악가 루이 암스트롱이 비틀스를 밀어내고 63세라는
나이에 빌보드 차트 1위에 오르자 모두가 깜짝 놀랐습니다.

　암스트롱이 비틀스를 앞지른 것은 미국의 대중음악이 유럽의 그늘
에서 벗어났다는 상징적인 의미를 보여 주는 사건이었습니다. 암스
트롱 덕분에 재즈는 대중음악의 한 장르로 당당히 자리를 잡았고 미
국을 상징하는 대표적인 음악이 되었습니다. 암스트롱은 재즈 뮤지
션으로 대성공하기 전까지 고난을 겪었지만 항상 기쁨과 희망을 노
래했습니다. 1967년 암스트롱이 발표한 'What a Wonderful World이
얼마나 멋진 세상인가'라는 곡은 재즈에 대해 알지 못하는 사람도 들어봤을

루이 암스트롱의 이름을 딴 루이 암스트롱 뉴올리언스 공항

정도로, 그는 재즈계의 기념비적인 인물입니다.

암스트롱은 불후의 명곡인 'What a Wonderful World'를 내놓은 지 4년 만인 1971년 세상을 떠났고 세계 팬들은 슬픔에 빠졌습니다. 2001년 뉴올리언스시는 루이 암스트롱 탄생 100주년을 맞아 공항 이름을 루이 암스트롱 공항으로 바꿨습니다. 이로 인해 항공기를 이용해 뉴올리언스를 찾는 사람이라면 루이 암스트롱이라는 이름을 한번쯤은 듣게 됩니다. 몇몇 사람이 무대 위에서 항상 웃음을 잃지 않는 그를 향해 '어릿광대'라며 조롱하자 암스트롱은 "광대요, 그거 대단한 일입니다. 사람을 즐겁게 한다는 것이 얼마나 힘든 일인데요." 라고 말할 정도로 낙천적인 재즈 뮤지션이었습니다.

뉴올리언스를 사로잡은 허리케인의 공포

해마다 여름철이 되면 멕시코만 인근에 사는 남부 주민들은 허리케인*의 공포에 시달립니다. 허리케인은 바닷물의 온도가 26℃ 이상일 경우에 발생하는데 지난 세기 동안 지속된 지구 온난화의 영향으로 2000년대 이후 허리케인의 발생 빈도가 높아졌습니다. 2005년 여름 멕시코만의 수온은 유난히 따뜻해 예년보다 3℃ 이상 높았습니다. 이에 기상학자들은 초강력 허리케인의 발생 가능성을 경고하며 연방 정부 차원의 치밀한 사전 준비를 요구했습니다.

세계 최고 수준의 과학 기술력을 보유한 미국은 국립허리케인센터를 만들고 오랜 기간 허리케인 연구를 지속해 왔습니다. 이에 허리케인의 발생 원인, 활동 방향, 파괴력에 대해 이미 잘 알고 있었습니다. 하지만 당시 조지 W. 부시 대통령은 기상학자의 엄중한 경고를 무시했습니다. 이라크 전쟁에 여념이 없었던 부시 대통령은 허리케인에 대비해 사용해야 할 예산과 장비까지 전쟁에 투입했습니다.

멕시코만에 허리케인이 들이닥칠 경우 가장 위험한 곳은 단연 뉴올리언스입니다. 뉴올리언스는 저지대라 바닷물이 자주 범람하던 곳이었는데, 1900년대 초 인구가 급속히 증가하자 습지대를 메워 도시를 무분별하게 확장해 나갔습니다. 뉴올리언스의 평균 해발 고도는 5m에 불과해 강력한 허리케인이 들이닥치면 침수 피해를 겪을 수밖에 없었습니다.

뉴올리언스시 당국은 언제 발생할지 모르는 자연재해에 수수방관만 하고 있었던 것은 아닙니다. 홍수 피해를 막기 위해 도시를 두르

---

* 북대서양 카리브해에서 발생하는 강한 열대성 저기압으로 많은 비를 동반한다.

해마다 미국 남부를 공포로 몰아넣는 허리케인

　는 거대한 제방을 쌓아 만일의 사태에 대비했습니다. 그러나 제방이 튼튼하지 않은 점이 항상 문제로 지적되었습니다.

　허리케인은 바람의 세기, 중심부의 압력 등을 기준으로 1등급에서 5등급까지로 구분되는데 가장 규모가 약한 1등급의 경우 간판을 떨어뜨리는 정도입니다. 하지만 등급이 올라갈수록 파괴력이 커집니다. 4등급 허리케인은 주택을 파괴하고 나무를 뿌리째 뽑아 날려 버릴 정도이며, 가장 강력한 5등급 허리케인은 지상에 서 있는 모든 나무를 초토화하고 강을 잇는 튼튼한 다리까지 파괴할 정도입니다.

　부시 행정부는 뉴올리언스 제방이 3등급 허리케인도 견뎌 낼 수 없을 정도로 취약하다는 사실을 오래전부터 알고 있었지만 제방을 보강하는 일에 관심을 두지 않았습니다. 국가적 재난에 대비하는 역할을 담당하는 미국연방재난관리청 역시 허리케인의 피해를 최소화하기 위한 대책을 세우지 않기는 마찬가지였습니다.

뉴올리언스를 강타한 초대형 허리케인, 카트리나

2005년 8월 23일 열대성 저기압 12호가 멕시코만에 모습을 드러냈습니다. 열대성 저기압 중 일부가 엄청난 파괴력을 지닌 허리케인으로 발전하기 때문에 국립허리케인센터의 기상 전문가들은 새로이 모습을 드러낸 열대성 저기압 12호의 움직임을 세심히 관찰했습니다. 그런데 2005년 멕시코만의 수온이 유달리 높아 열대성 저기압 12호는 발생한 지 하루 만에 1등급 허리케인으로 발달했습니다.

열대성 저기압은 숫자로 부르지만 허리케인의 경우에는 고유의 이름을 붙이는데 열대성 저기압 12호는 '카트리나Katrina'라는 이름을 갖게 되었습니다. 8월 25일 카트리나는 소형 허리케인에 불과했지만 플로리다주에 상륙해 100만 가구에 피해를 주고 14명의 목숨을 앗았습니다.

8월 27일 플로리다를 거쳐 다시 멕시코만으로 나온 카트리나는 따뜻한 바다에서 엄청난 에너지를 빨아들여 5등급 허리케인으로 발달했습니다. 높이 15m의 파고를 동반하고 시속 264km의 빠른 속도로 뉴올리언스를 향해 이동했는데 이는 미국 역사상 가장 강력한 허리케인이었습니다.

카트리나가 뉴올리언스를 향해 빠르게 접근해 오자 뉴올리언스 시장은 8월 28일 오전 10시 긴급 대피령을 발동했습니다. 하지만 이는 너무 늦은 조치였습니다. 8월 29일 오전 6시 카트리나가 뉴올리언스에 상륙할 예정이었는데 48만 명이 넘는 뉴올리언스 시민이 스무 시간 안에 도시에서 모두 떠나기란 불가능했습니다.

허리케인의 영향력에서 안전하게 대피하려면 뉴올리언스에서 수백 킬로미터 밖으로 떠나야 했습니다. 하지만 뉴올리언스 사람들의 차가 일시에 고속도로로 몰려나올 경우 극심한 교통 체증이 생길 수밖에 없었습니다. 그러나 뉴올리언스에는 차를 갖고 있지 못한 사람이 너무 많았던 것이 교통 체증보다 심각한 문제였습니다. 뉴올리언스는 도시 인구에서 흑인이 차지하는 비율이 67% 이상이었습니다.

플로리다주를 초토화한 카트리나

다수를 차지하고 있던 흑인은 대부분 가난했고 차를 소유하지 못한 사람도 세 명 중 한 명꼴로 많았습니다.

긴급 대피령을 발동하자 백인은 즉각 자기 차를 타고 뉴올리언스를 떠났지만, 차가 없는 흑인 다수는 어찌할 바를 몰라 했습니다. 이들은 버스 정류장에서 차를 기다렸지만 끝내 버스는 오지 않았습니다.

미국 역사상 가장 큰 참사, 카트리나로 쑥대밭이 된 뉴올리언스

8월 29일 오전 6시 카트리나가 마침내 뉴올리언스에 상륙했습니다. 부유한 백인은 모두 도시를 떠났지만, 가난한 흑인은 도시 한복판에서 카트리나를 온몸으로 맞아야 했습니다. 사상 최강의 허리케인 카트리나가 뉴올리언스에 상륙한 날 부시 대통령은 애리조나의 호화 리조트에서 시간을 보내고 있었습니다. 또한 딕 체니Dick Cheney 부통령은 저택을 구하기 위해 백악관을 비웠습니다. 대통령 비서실장은 휴가 중이었으며 미국 역사상 최초로 흑인 여성 출신으로 국무장관이 된 콘돌리자 라이스Condoleezza Rice는 뉴욕에서 명품을 쇼핑하고 있었습니다. 뉴올리언스의 운명이 풍전등화인 상황에서 국가적 재난을 지휘해야 할 수장이 모두 자리를 비운 상태였습니다.

엄청난 폭풍우를 앞세우며 뉴올리언스에 상륙한 카트리나는 순식간에 도시를 초토화했습니다. 가로수가 뿌리째 뽑혀 나갔고 가옥은 파괴되었으며 대규모 정전과 단수 사태가 발생했습니다. 사태가 긴박하게 돌아갔지만 미국연방재난관리청 마이클 브라운Michael Brown 청

물속에 잠긴 뉴올리언스

장은 뉴올리언스시 소속 재난 구조 요원의 활동에 제약을 가했습니다. 미국연방재난관리청의 허락 없이는 어떤 구조 활동도 할 수 없도록 했습니다. 이는 현지 상황을 고려하지 않고 자신의 권한을 유지하기 위한 일에만 몰두하는 잘못된 행동이었습니다.

　미국연방재난관리청이 권한에만 집착하고 있는 사이 뉴올리언스를 감싸고 있던 제방이 무너져 내려 950억ℓ의 물 폭탄이 도시를 덮쳤습니다. 물이 쏟아져 들어오자 가장 먼저 피해를 본 사람은 해수면보다 낮은 저지대에 살고 있던 가난한 흑인이었습니다. 이들은 눈 깜짝할 사이에 불어나는 물에 빠져 익사하고 말았습니다. 운 좋게 목숨을 건진 사람들은 지붕 위로 올라가 살려 달라고 소리를 질렀지만 수

많은 사람을 구하기에는 인력도 장비도 턱없이 부족했습니다. 구조 헬기가 출동했지만 그 횟수가 너무 적어 도움을 청하는 사람 중 일부만 혜택을 받을 수 있었습니다.

그런데 구조 활동에서조차 인종 차별 문제가 제기되어 논란을 불러일으켰습니다. 이는 하늘 위를 날고 있던 구조 헬기가 흑인과 백인이 동시에 구조 요청을 하면 백인을 우선으로 태우는 경우가 많았기 때문입니다.

연방 정부가 식량, 의복, 연료, 의약품 등 허리케인에 대비해 각종 물자를 제대로 비축하지 않아 뉴올리언스 시민들은 극심한 물자 부족에 시달려야 했습니다. 이때 백인이 주인 없는 상점에서 물건을 가지고 나오면 언론에서는 '살기 위한 처절한 몸부림'이라고 보도했지만 흑인이 같은 행동을 하면 '범죄자의 무분별한 약탈 행위'라고 보도하며 같은 행동에 대해 다른 평가를 내렸습니다.

지옥이 된 수재민 수용 시설 슈퍼돔

카트리나가 제방을 무너뜨리면서 뉴올리언스의 80% 이상이 물에 잠겼지만 본격적인 구조 활동은 나흘이 지나서야 시작되었습니다. 그런데 연방 정부는 수재민을 도와주어야 할 대상으로 보기보다는 예비 범죄자처럼 다루어 물의를 일으켰습니다. 가게를 부수고 생활필수품을 가져가는 사람이 늘어나자 부시 대통령은 군대를 파견해 강경 진압에 나섰습니다. 부시는 '약탈자에게 관용은 없다.'라는 강경

헬기를 타고 인명 구조에 나선 미군

한 정책을 내세우며 질서 유지군에 저항하는 시민은 사살해도 좋다
는 명령을 내렸습니다.

뉴올리언스 시내 곳곳에 질서 유지군이 배치되었지만 먹을 것이
없는 사람들은 계속해서 가게에 들어가 생활필수품을 들고 나왔습
니다. 그리고 이들 중 상당수가 질서 유지군에 의해 사살되었습니다.
시민 중 일부는 질서 유지군의 강경 진압에 불만을 품고 총을 쏘며
저항했지만, 고도로 훈련된 군인의 총알 세례를 피할 수는 없었습니
다. 이처럼 카트리나가 할퀴고 간 뉴올리언스는 전쟁터를 방불케 할
정도로 군인과 시민 사이에 시가전이 수시로 벌어졌습니다.

연방 정부는 수재민 6만 명을 미식축구 경기장인 슈퍼돔에 수용했
는데 여기에서도 크고 작은 문제가 끊임없이 발생했습니다. 카트리

나로 인해 전기와 수도가 끊긴 상태였기 때문에 슈퍼돔에 모인 수많은 사람은 에어컨 없이 찜통 같은 열기 속에서 지내야 했습니다. 물이 나오지 않아 제대로 씻을 수 없었으며 화장실 역시 변기의 물이 내려가지 않아 악취가 코를 찔렀습니다.

슈퍼돔에서는 쓰레기 처리가 제대로 되지 않아 슈퍼돔 전체가 쓰레기장이나 다름없었습니다. 밤이 되면 수용자 사이에서 강도, 폭행, 성범죄 등 온갖 범죄가 벌어져 힘없는 사람들을 공포의 도가니로 몰아넣었습니다. 수재민들은 분통을 터뜨리며 불만을 쏟아 냈지만 정부는 전기와 수도 시설이 복구될 때까지 별다른 조치를 하지 않았습니다.

카트리나가 상륙한 지 나흘 만에 부시 대통령은 뉴올리언스에 모

슈퍼돔에 수용된 수재민

슈퍼돔의 수재민을 돕는 자원봉사 의료진

습을 드러냈습니다. 하지만 수재민의 열악한 사정을 극명하게 보여 주는 슈퍼돔은 의도적으로 방문하지 않았습니다. 부시 대통령뿐만 아니라 평소 국민을 위해 일한다고 주장하던 정치인들은 대부분 슈퍼돔을 방문하지 않았습니다. 대신 안전한 곳만을 방문해 생색내기 위한 사진 촬영만 하고 쏜살같이 사라졌습니다. 하지만 슈퍼돔을 방문한 사람들은 한결같이 "아프리카에서도 이런 광경은 보지 못했다. 마치 노예선을 보는 것 같다."라며 당시 상황이 매우 열악했음을 알려 주었습니다.

재난 대비 실패로 곤경에 빠진 부시 대통령

국가에 재난 사태가 발생할 때 국가 최고 지도자의 역할은 무엇보다 중요합니다. 지도자는 재난이 닥치기 전에 피해를 최소한으로 줄이기 위해 철저히 준비해야 합니다. 또한 재난이 닥쳤을 때 신속하고 단호한 결단력을 발휘해 재난을 극복하는 데 앞장서야 합니다. 하지만 당시 부시 대통령은 제 역할을 하지 못했습니다.

카트리나가 발생하기 수년 전부터 허리케인 전문가들은 끊임없이 위험을 경고하고 대책을 마련해야 한다고 주장했습니다. 하지만 부시 대통령은 국민의 안전보다는 이라크와 벌이는 전쟁에 더 관심이 있었습니다. 카트리나가 큰 피해를 입힌 뒤에도 부시 대통령은 제대로 대처하지 못하고 우왕좌왕했습니다. 이로 인해 1,800명이 넘는 사망자가 발생하고 1,200억 달러가 넘는 재산 피해가 났습니다.

카트리나가 뉴올리언스에 상륙해 시민을 죽음으로 몰아넣고 있는 순간에도 부시 대통령은 휴가지에서 산악자전거를 타며 신체를 단련하고 있었습니다. 이 사실이 언론을 통해 미국 전역에 알려지자 9·11 테러 이후 한때 90% 이상 치솟았던 지지율이 38%로 급락했습니다.

2009년 9월 궁지에 몰린 부시는 대국민 사과문을 발표하며 지지율 회복에 나섰으나 오히려 역풍을 불러왔습니다. 그는 사과문에서 "허리케인 카트리나는 천재지변이었습니다. 누구도 제방이 무너지리라고는 예상하지 못했습니다."라고 주장하며 대통령으로서 마땅히 져야 할 책임을 회피하려고 했기 때문입니다.

카트리나 참사는 자연재해가 아니라 준비 부족과 부적절한 대책으로 인한 인재였습니다. 허리케인이 오는 것을 인간의 힘으로 막을 수는 없습니다. 하지만 카트리나가 뉴올리언스에 상륙한 뒤 벌어진 식량난, 치안 부재, 생활필수품 부족 등은 충분히 막을 수 있는 일이었습니다. 국민은 부시 행정부가 보여 준 주먹구구식 재난 대책에 수치심과 분노를 느꼈습니다.

전용기에서 현장을 지켜보는 조지 W. 부시 대통령

부시 대통령은 카트리나가 물러난 이후 세금 수백억 달러를 쏟아부으며 복구 사업에 나섰지

수재민을 만나는 조지 W. 부시 대통령

만 이 역시 물의를 일으켰습니다. 부시 행정부는 엄청난 이권이 달린 복구 사업을 지인과 본인이 속한 공화당에 우호적인 기업에 몰아주었기 때문입니다. 특혜를 받은 대기업은 직접 복구 작업에 나서지 않고 중소기업에 일을 맡기는 방식으로 중간에서 돈만 챙겼습니다.

카트리나를 계기로 국민에게 무능하고 부도덕한 대통령으로 낙인 찍힌 부시는 남은 임기 동안 지지를 얻지 못해 인기 없는 대통령으로 전락하고 말았습니다. 그는 카트리나 사건 때문에 믿을 수 없는 지도자로 각인되면서 치명적인 타격을 입었습니다.

최악의 사태를 막기 위한 어쩔 수 없는 선택, 집단 안락사

카트리나가 상륙했을 때 피난을 떠나지 못한 사람들은 차가 없는 사람들만이 아니었습니다. 거동이 불편한 병원의 중환자들 역시 뉴올리언스를 떠나기가 쉽지 않았습니다. 허리케인으로 정전과 단수가 되자 뉴올리언스 최고의 병원 중 하나로 손꼽히던 메모리얼 병원 역시 고스란히 피해를 보았습니다.

당시 메모리얼 병원에는 환자 500여 명이 있었습니다. 의료진은 피난을 가지 않고 남아서 거동이 불편한 환자를 돌보고 있었습니다. 전기가 끊기자 비상 발전기를 가동하면서 악전고투했습니다. 밀려들어 온 물이 지하실을 비롯해 1층까지 가득 차오를 정도로 상황은 심각했습니다. 연료가 바닥을 드러내자 비상 발전기도 작동을 멈추어

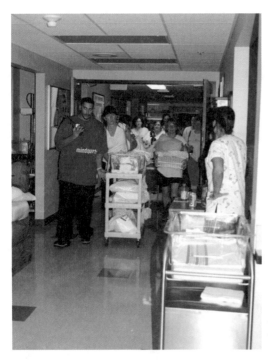

수용이 불가능할 정도로 많은
환자가 몰려들었던
메모리얼 병원

더는 에어컨을 가동할 수 없었습니다.

환자들로 북적이는 병원의 실내 기온이 45℃까지 치솟자 콜레라나 장티푸스 같은 전염병이 돌 수 있는 환경이 조성되었습니다. 의료진은 대책 회의를 열었고 이때 의사 애나 포우Anna Pou는 "전기, 수도, 의약품, 먹을거리 등이 부족한 현재 상태가 계속되면 병원 내

안락사 논란을 불러온 의사 애나 포우

모든 환자가 죽을 수밖에 없습니다. 최악의 사태를 막기 위해서는 치료 불가능한 중환자를 안락사하는 수밖에 없습니다."라고 제안했습니다.

처음에는 애나 포우의 말에 동의하는 의료진이 많지 않았습니다. 하지만 모든 환자를 살릴 수 있는 대안이 없음을 깨닫게 되자 극소수를 제외한 의료진이 안락사에 찬성했습니다.

애나 포우와 간호사 2명이 안락사 실행을 주도했습니다. 병원 내 모든 환자를 질병의 경중에 따라 증세가 가벼운 환자부터 가장 중한 환자까지 1등급에서 3등급으로 나누었습니다. 애나 포우는 현대 의학 기술로는 완치가 힘든 중증 환자를 대상으로 수면 유도제를 치사량 이상 투여하는 방식으로 안락사를 실행했습니다. 이로 인해 불치

병 환자 45명이 죽음을 맞이했습니다.

사건 발생 14일 만에 구조대원이 메모리얼 병원에 도착했고 이들은 죽은 사람의 가슴에 숫자 3이 적혀 있는 것에 의문을 품었습니다. 병원 측에서는 사망한 환자 모두가 병이 깊어져 사망했다는 말로 둘러대며 그날의 진실을 은폐하기에 급급했습니다. 사건이 발생한 지한 달 만에 메모리얼 병원 의사 중 한 명이었던 브라이언트 킹Bryant King이 모든 사실을 폭로하면서 세상을 깜짝 놀라게 했습니다.

브라이언트 킹은 당시 행해진 집단 안락사를 적극적으로 반대한의사입니다. 그는 환자를 죽인 사실에 대해 정신적 고통에 시달리다가 양심선언을 했습니다. 뉴올리언스 검찰은 안락사를 주도한 의사애나 포우와 간호사 두 명을 2급 살인죄로 기소해 재판정에 세웠습니다. 뉴올리언스가 속한 루이지애나주의 경우 안락사를 엄격하게금지하고 있었기 때문에 이는 의료진의 위법 행위로 처벌 대상이었습니다. 이들을 기소할 것인지 불기소할 것인지를 결정하기 위해 배심원단이 꾸려졌습니다.

미국 사법 제도는 중요한 사건의 경우 기소 여부를 검사가 아닌 배심원단이 결정합니다. 재판정에 모습을 드러낸 의사 애나 포우는 "최대한 많은 환자를 살리기 위해서 내린 결정이었을 뿐 나쁜 의도는 전혀 없었다."라고 주장하면서 "만약 같은 상황에 놓이게 된다면 한 명이라도 더 많은 환자를 살리기 위해 같은 행동을 할 것이다."라고 말했습니다.

재판정에 선 애나 포우의 얼굴에는 죄책감이란 전혀 없었으며, 극한 상황에서 환자를 살리기 위해 최선을 다했다는 의사로서의 당당함이 보이기까지 했습니다. 배심원들은 기소 여부를 결정하기 위한 수없는 회의 끝에 결국 메모리얼 병원 의료진을 기소하지 않기로 했습니다.

배심원단은 "안락사를 금지한 루이지애나주 법에 따를 경우 의료진의 행위는 유죄이지만 더 많은 환자를 살리기 위해 내린 결정인 만큼 이들을 법으로 처벌하는 것은 정의에 부합하지 않는다."라는 내용의 결정문을 발표했습니다. 재판부 역시 배심원단의 결정을 적극적으로 받아들여 "집단 안락사는 불가피한 선택으로 처벌할 사항이 아니다."라는 판결을 내렸습니다.

상황이 어찌 되었건 간에 유가족들은 의사가 환자를 죽인 일은 절대로 용서할 수 없는 만행이라고 주장하며 분을 삭이지 못했습니다.

재난에서 벗어난 뉴올리언스, 새로운 희망의 도시로

카트리나가 뉴올리언스의 주택을 10만 채 이상 파괴하면서 고지대에 살던 소수 부유층을 제외한 사람 대부분이 큰 피해를 입었습니다. 특히 해수면보다 낮은 저지대에 살고 있던 사람들의 집은 완전히 파괴되어 더는 사람이 살 수 없게 되었습니다. 해안가 저지대에 만들어진 뉴올리언스에서는 허리케인의 피해를 직격으로 받는 저지대일수록 집값이 쌌고, 이곳에는 주로 가난한 흑인들이 살고 있었습니다.

도시 재건에 성공한 뉴올리언스

새롭게 집을 지을 돈이 없었던 흑인들은 얼마간의 돈이라도 건지기 위해 땅을 헐값에 내놓았습니다. 이 땅을 주로 백인 부유층이 사들였습니다. 이들은 저지대 땅에 중산층이 좋아할 만한 깔끔한 주택을 지어서 분양해 큰돈을 벌었습니다.

　게다가 연방 정부가 어떤 허리케인에도 끄떡없을 정도로 튼튼한 제방을 뉴올리언스에 건설하면서 저지대의 부동산 가격은 더욱 치솟았습니다. 카트리나를 계기로 오랜 기간 도시의 빈민가로 남아 있던 저지대가 깔끔히 정리되고 그곳이 중산층으로 채워지면서 수재민 중 상당수는 뉴올리언스로 돌아오지 못했습니다. 수해 직전 한때 70%에 육박했던 뉴올리언스의 흑인 비율은 60% 이하로 감소했고, 백인 비율은 늘어났습니다. 새로이 뉴올리언스에 정착한 백인 중에는 수

온화하고 화창한 날씨를 자랑하는 뉴올리언스

해 당시 자원봉사를 하러 왔다가 그냥 눌러앉은 사람이 많습니다.

뉴올리언스는 겨울에도 눈이 오지 않는 따뜻한 날씨이고 아름다운 바다에 접해 있는 천혜의 자연환경으로 사람이 살기에 적격이었습니다. 또한 흑인 문화, 프랑스 문화, 미국 문화, 카리브해의 전통이 뒤섞여 볼거리가 다양했습니다. 뉴올리언스가 빠르게 재건되자 관광 산업이 부활해 연간 1,000만 명이 넘는 여행객이 몰려왔습니다.

미국 어느 도시에서도 찾아볼 수 없는 유럽의 문화를 잘 간직하고 있는 뉴올리언스는 최근 들어 영화 촬영지로도 주목받고 있습니다. 스티븐 스필버그Steven Spielberg가 제작해 세계적인 히트를 기록한 〈주라기 월드〉를 비롯해 〈캐리비언의 해적〉, 〈노예 12년〉 등 수많은 영화가 뉴올리언스를 배경으로 만들어졌습니다. 특히 스필버그는 〈주

라기 월드〉를 제작하면서 허리케인 카트리나로 파괴된 뒤 방치되어
있던 뉴올리언스 외곽의 버려진 테마파크를 멋진 영화 세트장으로
개조해 주목받았습니다.

스필버그는 폐허가 된 땅에 두 달 만에 축구장 여섯 개 크기의 세
트장을 꾸몄는데 세트장 안에는 호텔, 음식점, 나이트클럽, 카페 등을
실물처럼 정교하게 만들었습니다.

뉴올리언스에서 해마다 많은 영화가 촬영되다 보니 할리우드 배우
들도 뉴올리언스에 독특한 모양의 저택을 지어 관광객에게 볼거리를
제공하고 있습니다. 뉴올리언스는 허리케인 카트리나가 지나간 이후

볼거리가 넘쳐 나는 뉴올리언스

일자리와 소득이 크게 늘어 이전보다 살기 좋은 도시가 되었습니다. 그러나 허리케인 카트리나의 최대 피해자였던 흑인과 빈곤층의 삶은 이전보다 나아지지 않았다는 한계점도 남아 있습니다. 가난한 빈곤층은 폐허가 된 집을 신축하거나 수리할 돈이 없어 더욱 열악한 환경에서 살아야 했기 때문입니다. 부유한 사람들이 새로 유입되어 온 덕분에 도시는 이전보다 활기를 띠고 있지만, 보이지 않는 곳에는 여전히 예전의 삶으로 돌아가고 싶어하는 빈민가 주민들의 고통이 숨어 있습니다.

미식의 도시,
뉴올리언스의 소울 푸드

　미국 땅의 대부분을 개척한 영국인은 유럽에서 가장 빈약한 음식 문화를 가졌다는 말이 있을 정도로 화려하고 맛있는 음식을 먹는 데 별 관심이 없었다. 이로 인해 영국인이 개척한 땅에서는 마땅히 내세울 만한 음식 문화가 탄생하지 못했다. 하지만 프랑스인을 비롯해 흑인 노예, 인디언 등 다양한 민족이 함께 어울려 살던 뉴올리언스는 달랐다. 눈과 입을 즐겁게 해 주는 고급스러운 프랑스 전통 요리뿐만 아니라 흑인 노예가 먹던 거친 음식까지 오랜 세월 동안 진화를 거듭하며 뉴올리언스뿐 아니라 미국을 대표하는 전통 음식으로 사랑받고 있다.

　특히 흑인 노예가 먹던 음식을 소울 푸드soul food라 부르는데, 이 음식에는 힘겨웠던 노예 생활의 흔적이 그대로 남아 있다. 대표적인 소울 푸드인 검보Gumbo는 닭고기, 토마토, 양파, 고추 같은 식재료를 큰 통에 넣고 푹 끓여 수프로 만들어 밥이나 빵과 함께 먹는 음식이다. 검보는 비싸고 좋은 식재료를 구할 수 없었던 흑인 노예들의 환경을 반영해 탄생한 음식이다. 검보는 겉으로 보기에 그다지 맛있게 보이지 않지만 나름대로 깊은 맛이 있어 오늘날 백인에게도 많은 사랑을 받고 있다.

　흑인은 오래전에 노예에서 해방되었지만 경제적으로는 아직도 백인과 격차가 크다. 오늘날에도 흑인은 연간 소득이 백인의 40%밖에 되지 않을 정도로 가난에서 벗어나지 못하고 있다. 소득 격차의 가장 큰 원인은 흑인이 다른 인종에 비해 교육에서 소외되어 있기 때문이다. 제대로 교육을 받지 못한 뉴올리언스의 흑인은 좋은 직업을 가질 수 없고 이로 인해 가난이 대물림되고 있다. 이러한 문제를 보여 주기 위해 2018년 뉴올리언스에서는 특이한 실험이 이루어졌다. 흑인 셰프 툰데 웨이는 아프리카 음식점을 열면서 인종에 따라 음식 가격을 다르게 책정했다. 아프리카 전통 음식을 백인에게는 30달러에, 흑인에게는 12달러에 팔았다. 이는 백인과 흑인 사이의 소득 격차를 반영한 금액이었다.

맨 처음 툰데 웨이는 같은 음식에 다른 가격을 매기는 것을 두고 백인 손님의 불만이 클 것으로 예상했지만 결과는 뜻밖이었다. 백인 손님의 80%가 툰데 웨이의 설명을 들은 뒤 군말 없이 돈을 냈다. 그는 나아가 한 가지를 더 실험했다. 백인에게 추가로 받은 18달러를 흑인 손님이 원할 경우 주려고 한 것이다. 툰데 웨이는 많은 흑인 손님이 공짜로 돈을 준다면 얼른 받을 것으로 예상했지만 막상 이유 없는 돈을 받아 가는 흑인은 거의 없었다. 이 실험을 통해 툰데 웨이는 흑인은 제대로 교육을 받지 못해서 가난할 뿐 천성적으로 게으르거나 무능한 인종이 아니라고 주장했다.

뉴올리언스는 귀로 듣는 재즈 음악부터 입으로 먹는 검보까지 흑인의 자취가 뚜렷하게 남아 있다.

3장

이누이트가 살아가는 위대한 땅,

알래스카

'진짜 사람'을 뜻하는 에스키모의 다른 이름, 이누이트

약 1만 8000년 전, 아메리카 대륙과 유라시아* 대륙은 연결되어 있었습니다. 유라시아 대륙에 살던 태곳적 몽골 사람이 매머드** 등 사냥감을 뒤쫓아 알래스카를 거쳐 아메리카 대륙으로 건너가면서 북아메리카의 역사가 시작되었습니다. 북미 대륙에 도착한 사람 중 일부는 추운 알래스카에 남아 험난한 자연환경에 맞서 싸웠습니다. 알래스카는 알류트Aleut어로 '위대한 땅'을 의미하는 인디언 말입니다. 북위 60~70도에 있는 알래스카는 이름에 걸맞게 미국 면적의 약 5분의 1이나 됩니다.

뒷날 북아메리카 대륙을 정복한 유럽인은 알래스카에 살고 있던 원주민을 '날고기를 먹는 사람들'을 뜻하는 '에스키모'라 불렀습니다. 이 말에는 원주민에 대한 경멸의 뜻이 포함되어 있습니다. 오늘날에는 알래스카를 포함해 북아메리카 대륙의 극지방에 사는 사람들

---

* 유럽과 아시아를 아울러 이르는 이름
** 멸종한 코끼리과 포유동물

눈으로 이글루를 만드는 이누이트

을 일컬어 '진짜 사람들'을 의미하는 '이누이트'라는 용어를 사용합니다.

이누이트는 크지도 작지도 않은 키, 단단한 체구, 비교적 큰 머리, 넓고 평평한 얼굴을 가지고 있고 대머리가 없습니다. 이들은 오랫동안 극지방에 살면서 자연환경에 맞게 적응해 나갔습니다. 신선한 야채나 과일 대신 생선회를 통해 비타민을 섭취하며 극한 환경에서 살아남았습니다. 이곳에는 눈이 많이 내려 눈에 대한 언어도 다양합니다. 금방 녹는 눈, 잘 뭉쳐지는 눈 등 20가지 이상으로 구분할 만큼 이누이트는 자연을 섬세하게 관찰하는 능력이 있습니다.

날고기를 먹는 모습을 보고 유럽인은 혐오의 의미를 담아 '에스키모'라고 불렀습니다. 하지만 이누이트가 날생선을 먹지 않고 익혀 먹

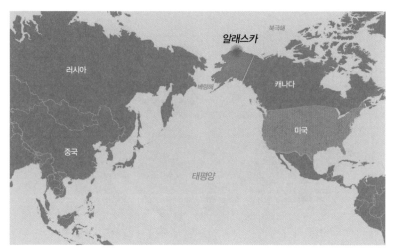

알래스카 위치

었다면 그 속에 있는 비타민이 파괴되어 건강을 지켜 내지 못했을 것입니다. 1년에 9개월 이상이 추운 겨울인 알래스카에서는 눈 깜짝할 사이에 모든 것이 얼어붙기 때문에 생선이나 물개를 잡을 경우 따뜻한 체온이 남아 있는 상태에서 먹는 것이 가장 효율적인 방법이었습니다.

이누이트가 주식으로 먹는 생선이나 물개에는 비타민뿐만 아니라 정상적인 성장과 건강을 위한 필수 지방산인 오메가3가 풍부합니다. 오메가3는 찬물 속에 사는 생명체의 피가 얼지 않도록 하는 물질로 세포의 신진대사를 촉진합니다. 이누이트는 갓 잡은 물고기에서 오메가3를 섭취함으로써 신진대사 활동이 활발해져 동맥 경화를 예방할 수 있었습니다. 그들은 삼시 세끼 육식을 하지만 오메가3가 혈관을 깨끗이 청소해 주기 때문에 건강을 유지할 수 있습니다.

알래스카의 원주민 이누이트

이누이트는 자연에 순응하면서 오랫동안 알래스카의 주인으로 살았습니다. 이들은 생존에 필요한 만큼만 사냥했을 뿐 결코 욕심을 부리지 않았습니다. 하지만 18세기에 접어들면서 이누이트와 야생 동물의 낙원이었던 알래스카는 서구 세력의 영향권에 들어가면서 비극을 맞이하게 되었습니다.

베링의 탐험으로 러시아의 땅이 된 알래스카

오래전부터 러시아 사람들은 유라시아 대륙과 아메리카 대륙이 연결되어 있다고 믿었습니다. 하지만 교통이 발달하지 않았던 시절 서쪽 모스크바에서 유라시아 대륙 끝까지 걸어서 가는 일은 거의 불가능했습니다. 어느 누구도 걸어서 9,000km를 훨씬 넘는 길을 가려고

덴마크 출신 탐험가 비투스 베링   러시아의 근대화에 앞장선 개혁 군주 표트르 대제

하지 않았습니다.

러시아의 황제로 근대화에 앞장서고 영토를 확장해 러시아 제국을 건설한 표트르_{Pyotr I} 대제는 오랜 궁금증을 풀기 위해 비투스 베링_{Vitus Bering}에게 유라시아 대륙 동쪽 끝으로 가라는 명령을 내렸습니다. 덴마크에서 태어난 비투스 베링은 22세 때 러시아 해군에 입대해 활약한 이력을 가진 탐험가였습니다. 덴마크 사람은 그를 덴마크인으로 여겨 베링이라 불렀지만 러시아 사람은 그를 러시아인으로 생각해 이반 이바노비치_{Ivan Ivanovich}라고 불렀습니다.

당시 베링은 47세로 시간이 얼마나 걸릴지도 모르는 긴 여행을 떠나기에는 많은 나이였습니다. 하지만 당대 최고 탐험가답게 흔쾌히 탐험길에 나서기로 결정했습니다. 1725년 1월 표트르 대제의 전폭적인 지원을 받으며 탐험대를 꾸린 베링은 제정 러시아의 수도 상트페

제정 러시아의 수도 상트페테르부르크와 캄차카반도

테르부르크에서 유라시아 대륙 끝까지 걸어가는 여정을 시작했습니다. 베링 탐험대는 3년 동안 9,000여 km를 걸어 유라시아 대륙 끝에 있는 캄차카반도에 도달했습니다.

　1728년 7월 탐험대는 직접 만든 배를 타고 해안선을 따라 북쪽으로 계속 올라가 북위 67도, 서경 167도 지점인 아시아 대륙 동쪽 끝에 다다랐습니다. 베링은 아시아와 아메리카 대륙이 바다를 사이에 두고 떨어져 있음을 확인하고 아메리카 대륙으로 건너가려고 했습니다. 하지만 파도가 거칠고 안개가 너무 짙어 감히 바다를 건널 엄두를 내지 못한 채 그냥 돌아와야 했습니다. 두 대륙 사이의 거리는 85km로 매우 가까웠지만 이를 알 리 없었던 베링은 무척 먼 거리를 항해해야 하는 줄 알았습니다.

　1730년 베링이 오랜 여정을 마치고 상트페테르부르크로 돌아왔을

항해 도중 거친 파도를 만난 베링 탐험대

때, 표트르 대제는 이미 세상을 떠난 뒤였습니다. 표트르 대제에 이어 새로운 황제 자리에 오른 안나 이바노브나_{Anna Ivanovna} 여제는 1733년 베링에게 다시 유라시아 대륙 끝으로 떠날 것을 명령했습니다. 이번에는 바다 건너 아메리카 대륙을 정복해야 하는 더 큰 임무가 주어졌고, 이를 위해 1차 원정대보다 더 큰 규모의 2차 원정대가 꾸려졌습니다. 완벽한 탐험을 위해 수도 상트페테르부르크에서 준비 기간만 몇 년이 소요되었습니다.

비투스 베링에게 유라시아 탐험을 명령한
안나 이바노브나 여제

두 번째 탐험에 나선 베링은 다시 시베리아 횡단 길을 걸어 유라시아 대륙 끝에 있는 오호츠크해 연안 캄차카반도에 도착했습니다. 그곳에서 베링 탐험대는 아메리카 대륙으로 건너가기 위한 전진 기지를 만들고 바다를 건널 준비에 들어갔습니다. 1741년 드디어 베링 탐험대는 배 두 척에 나눠 타고 바다 건너 아메리카 대륙으로 항해를 떠났습니다. 하지만 바닷길은 순탄하지 않았습니다. 항해를 시작한 지 일주일 만에 탐험 대장 베링이 탄 배는 폭풍을 만나 일행과 멀어지며 한동안 바다 위를 표류했습니다.

마침내 베링을 태운 배는 아메리카 대륙 최북단인 오늘날의 알래스카에 도착했습니다. 나머지 탐험선 한 척도 알래스카의 다른 지역에 무사히 도착해 탐사 길에 나섰습니다. 한없이 펼쳐진 알래스카의 광활함에 감탄한 베링은 한동안 알래스카에 머물며 곳곳을 탐험했습니다. 베링은 그곳에 러시아 국기를 꽂고 러시아 땅임을 선포했습니다. 이후 광활한 알래스카는 바다 건너편에 있던 제정 러시아의 영토가 되었습니다. 당시 알래스카에는 오래전부터 살아온 수많은 이누이트가 있었지만 베링은 그들을 야만인으로 여겼습니다. 원주민 이누이트는 한순간에 피정복민의 처지로 전락하고 말았습니다.

알래스카 탐험을 마친 베링은 러시아로 돌아가기 위해 바닷길에 나섰다가 거친 폭풍우를 만나 배가 난파되는 위기를 맞았습니다. 베링 일행은 바다 위를 떠돌다가 유라시아 대륙과 알래스카 사이의 한 섬에 닿았습니다. 무인도에 상륙한 베링은 살아남기 위해 필사적으로 노력했습니다. 베링이 표류하다 도착한 섬은 인간이 도저히 생존

할 수 없는 최악의 상황이었습니다. 온종일 북극에서 불어오는 칼바람이 탐사대를 괴롭혔고, 무인도에 상륙한 지 얼마 되지 않아 탐험선에 비축되어 있던 식량마저 떨어졌습니다.

이때부터 탐험대는 극한 생존 투쟁에 돌입했습니다. 추위보다 더 베링 일행을 괴롭힌 것은 괴혈병이었습니다. 괴혈병은 비타민C의 결핍에서 비롯되는 질병입니다. 비타민C는 인체의 여러 조직을 이루는 콜라겐 단백질 형성에 꼭 필요한 영양소로, 결핍되면 인체 조직 내에서 출혈이 수시로 발생하고 잇몸이 물러지면서 치아가 빠지는 등 건강에 심각한 문제를 일으킵니다. 1741년 12월, 베링은 이 이름 없는 섬에서 60세 나이에 탐험가로서의 일생을 마감했습니다.

처음 배 두 척에 나눠 아메리카 대륙으로 건너기 위해 항해를 시작한 베링 탐험대가 뜻하지 않게 방향을 달리하여 각각 표류하는 바

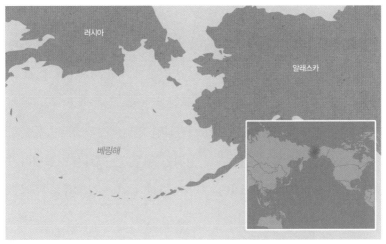

비투스 베링이 목숨을 걸고 개척한 베링해 위치

람에 두 팀은 서로 만나지 못한 상태에서 탐사를 진행했습니다. 탐사 뒤 캄차카 전진 기지에 먼저 돌아온 팀은 기다림 끝에 무인도에서 탐험 대장 베링을 먼저 보내고 죽을 고비를 넘긴 나머지 일행을 만나 1743년 고향으로 돌아왔습니다. 탐험 도중 사망한 베링은 죽은 뒤 자신의 이름을 세상에 남겼습니다. 베링이 건넌 바다는 베링해가 되었고, 그가 죽음을 맞이한 섬은 베링섬이 되었습니다.

모피 장사꾼 때문에 멸종 위기에 놓인 야생 동물

상트페테르부르크로 돌아온 탐험대는 알래스카에 해달, 물개, 스텔라바다소 등 다양한 종류의 동물이 살고 있다는 경험담을 풀어놓았습니다. 이들의 체험담은 돈벌이에 눈이 먼 사람들의 탐욕을 자극했습니다. 러시아 모피 업자들이 값비싼 야생 동물의 모피를 얻기 위해 알래스카로 몰려들었습니다.

가장 먼저 표적이 된 동물은 순한 스텔라바다소였습니다. 스텔라바다소는 사람의 공격을 받은 적이 없어 인간에 대한 경계심도 전혀 없던 상태였습니다. 스텔라바다소는 몸길이가 5m, 몸무게 5~12t*에 이르는 거대한 포유동물로 고래를 제외하면 바다에서 가장 큰 동물입니다. 몸은 집채만큼 거대하지만 성격은 매우 온순합니다. 스텔라바다소는 해안가에 무리를 지어 살면서 다시마 같은 갈조류를 주식으

---

* 1t(톤)은 1,000kg이다.

러시아 사냥꾼의 무분별한 포획으로 멸종된 스텔라바다소

로 먹는 포유류로 다른 동물에게 해를 끼치는 일이 없었습니다.

알래스카로 몰려든 러시아 사냥꾼들은 스텔라바다소의 고기, 기름, 가죽을 얻기 위해 무분별한 살생을 저질렀습니다. 살코기는 송아지 고기처럼 연하고 부드러워 식용으로 사용했고, 기름은 램프의 연료로 사용했으며, 가죽으로는 옷과 신발을 만들었습니다.

베링섬에 살고 있던 스텔라바다소 2,000여 마리가 자취를 감추자 곧 알래스카에 살고 있던 스텔라바다소가 사냥감이 되었습니다. 움직임이 둔하고 방어 능력이 없던 스텔라바다소는 겁에 질려 떨고만 있었습니다. 사냥꾼들은 암컷이나 새끼가 공격당하면 도와주려고 몰려드는 스텔라바다소의 습성을 이용해 대량으로 사냥했습니다. 암컷의 등에 꽂힌 작살을 떼어 내기 위해 안간힘을 쓰던 수컷도 결국 죽음을 면치 못했습니다. 스텔라바다소는 베링 탐험대가 알래스카에

수난의 대상이 된 해달

처음 발을 내디딘 지 27년 만인 1768년, 지구상에서 영원히 사라지고 말았습니다.

스텔라바다소에 이어 두 번째로 대량 학살의 목표가 된 동물은 해달입니다. 족제빗과에 속하는 해달은 바닷가에 살며 전복이나 조개 등을 먹고 삽니다. 이 동물은 극지방에 사는 다른 짐승과 달리 두꺼운 지방층이 없이 오직 굵고 빽빽하게 나 있는 털로 추위를 견뎌 냅니다. 추위를 방지하는 데 큰 효과가 있는 해달의 털가죽은 러시아 상류층이 가장 선호하는 모피였습니다.

러시아 모피업자들은 방망이를 들고 다니며 해달을 마구 때려죽인 뒤 그 껍질을 벗겨 부자들을 위한 모피로 공급했습니다. 이들이 지나는 곳마다 하얀 설원은 껍질이 벗겨진 채 죽어 간 해달의 붉은 피로 물들었습니다. 알래스카 해안마다 넘쳐나던 해달은 이내 사라져 1820년대에 이르러 멸종 위기에 놓였습니다.

1740년대 러시아 사람들이 알래스카에 진출한 이후 채 100년도 되지 않아 야생 동물 대부분이 멸종 위기에 처했습니다. 러시아인들은 알래스카의 생태계 보호에는 관심이 없었고, 생태계를 오직 돈벌이의 대상이자 수탈의 대상으로 여겼습니다. 이런 소행은 지난 1만 년이 넘는 동안 알래스카의 야생 동물과 공존해 온 이누이트의 삶과는 대조되는 모습이었습니다.

윌리엄 슈어드의 '바보짓'이 알래스카를 사들이다

윌리엄 슈어드William Seward는 10년 넘게 미국 상원 의원을 역임했고 뉴욕 주지사를 두 차례나 지낸 정치인입니다. 그는 정치적 수완이 뛰어나 상대방을 설득하는 재주가 있었습니다. 1860년 슈어드가 공화당의 대통령 후보 경선에 나섰을 때 사람들은 대부분 그의 승리를 의심하지 않았습니다. 대통령 후보 선출을 위한 공화당 전당 대회 당일, 그의 고향에서는 축포를 쏘기 위해 대포까지 준비했습니다.

전당 대회 1차 투표에서 슈어드가 1위에 오를 때까지만 해도 모든 일은 사람들의 예상대로 진행되었습니다. 그는 1위를 차지했지만 아쉽게도 유효 표

에이브러햄 링컨에게 대선 후보 경쟁에서 패배한
윌리엄 슈어드

의 과반을 획득하지 못해 2위를 차지한 일리노이주 출신의 에이브러햄 링컨과 결선 투표를 치르게 되었습니다. 결선 투표에서 링컨은 기적 같은 역전을 이루었습니다. 이길 줄 알았던 선거에서 패배하자 충격과 분노에 사로잡힌 슈어드는 링컨이 자신의 자리를 도둑질했다며 비난했습니다. 그는 링컨을 대통령으로 존중할 생각이 전혀 없었습니다.

그동안 끊임없이 링컨을 비난했음에도 링컨은 슈어드를 국무장관 자리에 앉혔습니다. 링컨에게 미안한 마음이 들었던 슈어드는 국무장관으로 일하는 동안 최선을 다했습니다. 1861년에 남북전쟁이 일어났을 때 슈어드는 유럽 강대국이 전쟁에 뛰어드는 것을 막기 위해 동분서주해 유럽의 개입을 막아냈습니다. 1865년 링컨이 암살당한 이후에도 슈어드는 계속해서 국무장관 자리를 지키며 자신의 임무를 다했습니다.

과거 1856년 제정 러시아가 크림 전쟁에서 패배하면서 슈어드는 알래스카를 차지할 절호의 기회를 잡았습니다. 1850년대 러시아는 팽창주의 정책을 펼치며 영국, 프랑스 등 유럽 강대국과 수시로 충돌했습니다. 1853년 러시아는 팽창주의 정책의 일환으로 오늘날 터키에 해당하는 오스만 튀르크 제국의 크림반도를 공격하는 무리수를 두었습니다. 러시아의 군사 도발에 유럽 강대국인 영국과 프랑스가 개입하면서 초대형 전쟁으로 비화되었습니다.

낙후된 국가였던 제정 러시아 혼자서 영국, 프랑스, 오스만 튀르크

크림 전쟁에서 고전을 면치 못한 러시아군

제국 연합군을 감당할 수는 없었습니다. 3년 동안 계속된 크림 전쟁은 결국 제정 러시아의 참패로 끝났습니다. 이후 러시아는 전쟁 후유증에 시달려야 했습니다. 당시만 하더라도 전쟁 패전국은 승전국에 막대한 배상금을 물거나, 영토를 빼앗기는 관행이 있었습니다. 러시아는 승전국인 영국이 식민지였던 캐나다와 국경을 맞대고 있는 알래스카를 노릴 것으로 판단해 동맹 관계에 있던 미국에 알래스카를 먼저 팔아 돈을 벌려는 계획을 세웠습니다.

남북 전쟁 당시 제정 러시아는 북부를 공개적으로 지지했고 영국은 남부를 지지했습니다. 남북 전쟁이 북부의 승리로 끝나자 북부가 주도하는 미국 연방 정부는 러시아와 계속 친분을 유지하려고 했지만 남부에 호의적이었던 영국에는 불만을 품고 있었습니다. 이러한

알래스카 매매 계약을 체결하는 윌리엄 슈어드

상황을 활용해 제정 러시아가 미국에 은밀히 알래스카 매입을 권하자 링컨에 이어 대통령직을 승계한 앤드류 존슨Andrew Johnson은 협상의 달인이었던 슈어드에게 전권을 위임했습니다.

슈어드의 눈에 알래스카는 먼 뒷날 미국이 북극을 선점하는 데 반드시 필요한 땅으로 보였습니다. 또 유라시아 대륙과도 가까워 러시아를 견제하기에도 적격이었습니다. 그는 미국 면적의 5분의 1에 이르는 거대한 알래스카 땅을 단돈 720만 달러, 즉 km^2당 4.7달러에 불과한 헐값으로 러시아에게서 사들이는 조약을 체결했습니다.

당시 미국은 남북 전쟁 이후 피해 복구와 서부 개발에 많은 재정이 투입되고 있는 시점이었기 때문에 막대한 재정 적자에 시달리고 있었습니다. 언론은 앞다투어 슈어드의 알래스카 매입을 맹비난하고 나섰습니다. '세상에서 가장 큰 아이스박스를 구입한 슈어드', '쓸데없는 곳에 세금을 낭비한 국무장관' 등 수많은 비난 기사가 신문의 헤드라인을 장식했습니다.

결국 슈어드는 알래스카를 매입한 지 수개월 만에 의회에 사과하고 장관직에서 물러나야 했습니다. 최종 책임자였던 앤드류 존슨 대통령도 실정을 이유로 탄핵될 위기에 몰렸지만 상원에서 한 표 차이로 간신히 탄핵을 면했습니다. 이후 앤드류 존슨 대통령은 남은 임기 동안 식물 대통령이라고 불릴 정도로 실권을 잃었습니다. 미국 사람들은 슈어드가 알래스카를 매입한 사실을 두고 '슈어드의 바보짓Seward's folly'이라는 용어를 만들어 내며 비웃었습니다.

쓸모없는 얼음 땅에서 미국의 보물 창고가 된 알래스카

1867년 10월 18일, 100년 이상 알래스카에서 펄럭이던 러시아 깃발이 내려가고 미국의 성조기가 올라갔습니다. 미국이 알래스카를 차지한 뒤 30년 만에 유콘Yukon 지역에서 대규모 금광이 발견되면서 미국 사람들을 흥분시켰습니다. 1896년부터 3년 동안 무려 57만kg 이상 채굴한 금이 미국에 엄청난 이익을 안겨 주었습니다. 이후 철, 구리, 석탄 등 온갖 종류의 천연자원이 땅속에서 발견되어 알래스카는 미국의 보물 창고가 되었습니다. 더구나 1971년 검은 황금이라고 불리는 석유가 45억 배럴 이상이나 발견되면서 알래스카는 자원의 보고가 되었습니다.

알래스카에서 채굴한 원유를 수송하는 송유관

　현재 미국은 중동, 베네수엘라에 이어 세계 석유 매장량 3위를 차
지하고 있는데 이는 알래스카에 석유가 엄청난 양이 매장되어 있기
때문입니다. 알래스카의 현재 가치는 1조 달러 이상으로 매입 가격의
14만 배에 달하지만 수자원, 관광자원, 군사적 요충지로서 지니는 가
치는 돈으로 따질 수 없습니다. 결과적으로 알래스카 매입은 사실상
매입이라기보다 제정 러시아가 미국에 공여한 것이나 다름없습니다.
　미국은 러시아와 달리 철저하게 알래스카의 환경 보호에 앞장서
고 있습니다. 알래스카는 태고의 울창한 원시림, 빙하와 만년설, 연어
와 붉은 곰, 백야 등 경이로운 자연을 무대로 해마다 세계에서 관광
객 수십만 명을 불러들이고 있습니다. 알래스카를 방문한 관광객이
쓰고 가는 돈은 매년 3억 달러 이상으로 인구가 80만 명도 되지 않는
알래스카 경제에서 중요한 역할을 하고 있습니다.

알래스카의 관광자원인 오로라

알래스카가 지닌 엄청난 가치가 뒤늦게 알려지자 사람들은 더는 슈어드를 비난할 수 없었습니다. 미 의회는 지난날에 한 슈어드에 대한 비난을 사과하며 "의회는 당신의 사과를 돌려드립니다."라는 성명을 발표했습니다. 미국 사람들에게 '슈어드의 바보짓'은 의미가 변해 당대에는 알아주는 사람이 없으나 뒷날 그 진가가 빛을 발해 긍정적인 재평가를 받는 경우를 뜻하며, '상당히 잘한 일'의 뜻으로 사용되고 있습니다.

알래스카는 1912년 의회의 인준을 받으면서 준주_{準州}＊가 되었고 1959년에는 49번째 정식 주로 승격했습니다. 알래스카는 날씨가 워낙 추워 1년 중 9개월 가까이 땅이 얼어 있다 보니 도로를 만들 수 없

＊ 주(州)의 자격에는 못 미치나 그에 비길 만한 행정 구역

어 아직도 자동차 활용도가 다른 지역에 비해 훨씬 떨어집니다. 대신 알래스카 사람들은 3,000여 개의 강과 300만 개 넘는 호수를 활주로로 삼아 수상 경비행기를 자동차처럼 이용합니다. 수상 경비행기의 가격도 4만 달러대로 저렴해 인구 60명당 한 명 꼴로 비행기를 보유하고 있습니다. 알래스카에서는 수많은 작은 비행기가 잠자리처럼 하늘을 누비고 다니는 모습을 쉽게 볼 수 있습니다.

　알래스카의 여름은 짧지만 그 기간에 사람들은 농사를 짓습니다. 1936년 프랭클린 루스벨트 대통령은 경제 대공황이라는 위기를 극복하기 위해 본토에 살던 농부들에게 알래스카 땅을 거의 공짜로 나눠 주면서 이주를 적극 권장했습니다. 이때부터 본토의 백인들이 본격적으로 이주해 오면서 알래스카에서 농업이 발전되기 시작했습니

알래스카 사람들의 주요 교통수단인 수상 경비행기

다. 알래스카는 토양이 차가워서 병충해가 적으며 빙하가 끌고 온 비옥한 퇴적층 덕분에 농약이나 비료를 사용하지 않더라도 농작물이 잘 자랍니다. 양배추의 경우 무게가 30kg을 넘으며 큰 것은 50kg이 넘기도 합니다.

다만 연방 정부가 환경 보호를 위해 알래스카에 공장을 세울 수 없도록 규제하기 때문에 농산물을 제외한 모든 제품은 본토에서 들여와야 합니다. 이때 운송비가 고스란히 제품 가격에 반영되어 알래스카의 물가는 미국에서 매우 높은 수준입니다. 예를 들면 정유 공장을 세울 수 없는 까닭으로 알래스카에서 생산되는 원유는 전량 미국 본토로 보내집니다. 이곳에서 필요한 유류는 본토에서 다시 들여오기 때문에 미국 최대의 석유 생산지 중 하나인 알래스카의 기름값이 본토보다 오히려 비싼 이상한 상황이 전개되고 있습니다.

거대한 알래스카의 양배추

미국 최악의 기름 유출 사고 - 엑슨 발데스호 사고

미국은 민간 영역에 대한 정부의 간섭이 선진국 중에서 가장 적은 나라입니다. 전기, 수도, 지하철 등 다른 나라에서는 주로 정부가 공급하는 재화와 서비스를 미국에서는 민간 기업이 주도적으로 공급하고 있습니다. 그렇지만 알래스카는 예외적으로 연방 정부가 큰 역할을 합니다. 미국 정부가 알래스카 땅 전체를 러시아 정부로부터 사들였기 때문에 이곳은 대부분이 국유지이고, 연방 정부는 지역 대부분을 자연 보호 구역으로 묶고 엄격하게 개발을 제한했습니다.

하지만 1970년대 오일 쇼크*가 발생해 미국 경제를 강타하자 정부는 대기업에 알래스카의 유정 개발을 허용했습니다. 이때부터 영구 동토 지대인 알래스카 북부 지역에서 본격적으로 유정이 개발되기 시작했습니다. 알래스카 북부 오지에서 생산된 원유를 겨울철에도 얼지 않는 남부의 항구까지 운반하기 위해 80억 달러라는 예산을 들여 1,300km가 넘는 석유 파이프라인을 건설했습니다.

정부는 석유 판매 대금 대부분을 주민에게 골고루 나눠 주며 주민의 생활에 실질적인 도움을 주려고 했습니다. 석유 생산이 시작된 뒤 주민들의 소득이 5배가량 늘어나 이전보다 윤택한 생활이 가능해졌습니다.

1989년 미국 역사상 최악의 원유 유출 사고가 발생하면서 알래스

---

* 아랍석유수출국기구(OAPEC)와 석유수출국기구(OPEC)가 원유의 가격을 인상하고 생산을 제한하여 야기된 세계 각국의 경제적인 혼란

청정 지역 알래스카의 자연환경 파괴를 불러온 기름 유출 사건

카 사람들에게 큰 충격을 주었습니다. 1989년 3월 북부 유전 지대에서 채굴한 원유를 싣고 캘리포니아를 향해 운항에 나선 유조선 엑슨 발데스_{Exxon Valdez}호가 부주의로 암초에 부딪히고 말았습니다. 이로 인해 유조선에 싣고 있던 원유 22t 중 4t가량이 유출되어 2,100km에 이르는 바다가 검은 기름띠로 뒤덮였습니다.

사고가 발생한 지역은 알래스카에서도 손꼽히는 청정 지역으로 바닷새와 바다표범의 안식처였습니다. 난파된 유조선에서 쏟아진 원유에는 맹독성 물질이 포함되어 있기 때문에 인근의 생명체는 떼죽음을 당했습니다. 검은 기름을 뒤집어쓴 채 죽어 가는 바다표범과 바닷새의 모습이 텔레비전을 통해 미국 전역에 방송되면서 사람들은 돈보다 자연이 중요하다는 사실을 인식하게 되었습니다. 유출 사고를 일으킨 석유 회사 엑슨은 정부의 강도 높은 조사를 받게 되었고 관련자가 줄줄이 사법 처리되었습니다.

엑슨은 피해 복구를 위해 20억 달러의 돈을 들여야 했고 별도로 25억 달러라는 징벌적 배상금을 물어야 했습니다. 엑슨이 유발한 직접적인 피해금은 5억 달러 규모이지만 정부는 재발 방지를 위해 미국 최대의 석유 기업에 엄청난 금액의 벌금 폭탄을 안겼습니다. 당시 유조선 대부분은 비용 절감을 위해 선체를 강철 한 겹만 사용하여 만들었고, 이 때문에 배가 암초에 부딪힐 경우 선체에 쉽게 구멍이 뚫렸습니다.

알래스카 원유 유출 사건을 계기로 정부는 유조선의 선체를 강철을 두 겹으로 사용하여 만들도록 규제해 사고가 나더라도 기름이 쉽게 유출되지 않도록 사전 예방 조치를 취했습니다. 엑슨 발데스호 사고가 난 이듬해 국제 해사 기구IMO*도 적재 톤수 600t 이상의 모든 유조선에 이중 선체 또는 그 이상의 구조를 갖추도록 의무화하는 국제 협약을 채택했습니다. 2010년 이후 강철을 한 겹 사용해 만들어진 유조선은 지구상에서 대부분 사라졌습니다. 하지만 미국 역사상 최악의 환경 오염 사고인 '엑슨 발데스호 사고'는 지금까지도 선박에 의한 해양 오염 사고의 대명사가 되고 있습니다.

---

* 배의 항로, 교통 규칙, 항만 시설 따위의 국제적 통일을 목적으로 설립한 국제 연합의 전문 기구

알래스카의 연어 이야기

2016년 연어가 처음으로 새우를 제치고 세계에서 가장 많이 팔리는 해산물의 자리를 차지했습니다. 한 세대 전까지만 하더라도 연어는 보기 드문 생선이었지만 요즘은 어디를 가나 쉽게 맛볼 수 있습니다. 연어가 세계인의 사랑을 받는 것은 맛있을 뿐만 아니라 몸에 좋은 음식이기 때문입니다. 연어에는 비타민B를 비롯해 동맥 경화를 예방하는 EPA와 뇌의 활동을 활발하게 하는 DHA가 다량으로 함유되어 있어 성인병을 예방하고 건강 증진에 도움이 됩니다.

알래스카는 '연어의 고향'이라 불릴 정도로 연어와 밀접한 곳입니다. 알래스카 연어의 일생에는 다양한 이야기가 담겨 있습니다. 알래스카 연어의 고향은 강 상류에 있는 화산 활동으로 만들어진 '화산 호수'입니다. 어미 연어는 흐르는 물에 알을 낳지 않고 강 상류에 있

세계인의 입맛을 사로잡은 연어

는 화산 호수에 알을 낳습니다. 화산 호수에는 유황을 비롯한 유독 물질이 많이 녹아 있어 웬만한 생명체는 살 수 없지만, 연어알과 어린 연어는 화산 호수 속의 플랑크톤을 섭취하며 살아갑니다. 또한 물속의 유독성 물질 때문에 어린 연어를 위협하는 천적이 살 수 없어 번식하는 데 최적의 환경입니다.

화산 호수에서 부화한 어린 연어는 바다로 떠나기 전까지 부지런히 몸집을 키우면서 약 1년간 화산 호수에서 살아갑니다. 마침내 때가 되면 연어는 고향을 떠나 바다를 향한 머나먼 여정에 오릅니다. 바다로 가는 길에는 수많은 천적이 있기 때문에 무사히 바다까지 도달하는 연어는 많지 않습니다.

거대한 바다에서 2~5년 정도 보낸 연어는 종족 번식이라는 사명을 완수하기 위해 다시 고향으로 돌아오는 여정에 오릅니다. 이때부터 삶과 죽음을 가르는 위험천만한 모험이 시작됩니다. 연어가 수천 킬로미터나 떨어진 고향으로 돌아올 수 있는 이유는 고향의 냄새를 기억하기 때문입니다. 바다로 유입되는 모든 강은 고유의 냄새를 가지고 있기 때문에 연어는 어릴 적 헤엄쳤던 유황 냄새가 나는 화산 호수의 냄새를 기억하고 있다가 때가 되면 다시 후각을 이용해 고향으로 돌아갑니다.

고향으로 돌아가는 동안 연어는 아무것도 먹지 않기 때문에 출발하기 전에 충분히 먹어야 합니다. 이때 연어는 에너지를 비축하기 위해 크릴새우를 먹습니다. 연어의 살 색깔이 붉은빛을 띠는 까닭은 크릴새우를 많이 먹었기 때문입니다. 연어가 고향으로 돌아오는 길에 첫 번째로 넘어야 하는 고비가 상어 떼입니다. 상어는 연어가 고향으로 돌아가는 시기와 길을 정확히 알고 있어서 연어 떼가 움직이는 길목에서 기다리고 있다가 연어를 잡아먹습니다.

상어 다음으로 연어를 기다리고 있는 것은 알래스카 어부입니다. 어부 역시 연어가 이동하는 길목을 막고 연어를 잡습니다. 두 번의 위기를 무사히 넘긴 연어는 강 하류에 도달합니다. 여름철 알래스카의 산에 있던 얼음이 녹아 강물이 불어날 때를 이용해 고향으로 돌아가지만 거센 역류를 거슬러 올라가기란 쉬운 일이 아닙니다.

죽을힘을 다해 강물을 거슬러 올라가는 연어를 마지막으로 기다리고 있는 것은 알래스카 불곰입니다. 불곰은 겨울잠을 자기 전에 충분한 지방을 비축해야 합니다. 이때 지방질을 보충하기 위한 가장 좋은 대상이 바로 연어입니다. 불곰은 연어가 올라오는 길목에서 기다리

겨울을 나기 위해 연어 사냥에 나서는 불곰

고 있다가 맨손으로 연어를 잡습니다. 미련하고 느리다는 편견과는 달리 눈 깜짝할 사이에 연어를 낚아챕니다. 연어를 잡은 불곰은 연어의 머리를 입으로 뜯어내고 껍질을 벗겨서 먹습니다. 연어의 껍질에는 곰에게 필요한 지방질이 풍부하기 때문입니다.

몸무게가 400kg이 넘는 불곰이 겨울을 무사히 나기 위해서는 수많은 연어의 껍질이 필요합니다. 머리가 잘리고 껍질이 벗겨진 채 끔찍한 죽음을 맞은 연어를 기다리고 있는 것은 갈매기 떼입니다. 갈매기는 곰이 먹다 버린 연어의 살코기를 먹어치우면서 청소부 역할을 합니다. 알래스카 불곰이 휘젓고 간 강물에는 비참하게 죽은 수많은 연어의 사체가 둥둥 떠다닙니다. 연어 덕분에 알래스카 불곰은 몸무게의 20%에 달하는 지방을 축적하여 무사히 겨울을 납니다. 만약 연어가 고향으로 돌아오지 않는다면 알래스카 불곰은 겨울을 날 수 없을 것입니다.

이 같은 위기를 무사히 넘긴 연어만이 고향인 화산 호수에 도달하는데 이때쯤 되면 연어의 피부는 붉게 변합니다. 바다에 살던 연어가 민물에 오랫동안 머무르면서 생기는 현상으로 이는 연어의 수명이 얼마 남지 않았음을 의미합니다. 귀향길에 올랐던 연어 중 극소수만이 어린 시절을 보냈던 화산 호수에 도달하며 이곳에서 짝짓기를 해 자손을 만듭니다.

그동안 엄청난 에너지를 소비한 연어는 산란이 끝난 뒤 아무것도 먹지 않고 잠도 자지 않으면서 고단했던 삶을 고향에서 마칩니다. 어미 연어가 죽으면 이를 먹고 사는 플랑크톤이 풍부해집니다. 플랑크톤은 뒷날 알에서 깨어난 새끼 연어의 먹이가 됩니다. 이처럼 연어는 새로운 생명을 만들기 위해 수천 킬로미터에 달하는 위험한 여정에 나서며 죽어서도 새끼를 위한 영양분이 됩니다.

노르웨이, 연어 양식 사업에 뛰어들다

연어는 크게 대서양 연어와 태평양 연어로 나뉩니다. 대서양 연어는 캐나다, 노르웨이, 영국 등 북대서양에서 사는데 오랜 기간 한 남획으로 씨가 말라 찾기가 쉽지 않습니다. 이에 반해 태평양 연어는 알래스카에서 사는데 미국이 자연환경을 잘 보존하고 어민의 남획을 방지해 멸종되지 않고 지금까지 명맥을 이어 오고 있습니다.

1980년대까지 밥상에 오른 것은 주로 알래스카 연어였습니다. 알래스카에서 잡힌 자연산 연어의 살코기는 붉은 색깔을 띠고 활동량이 많다 보니 지방질이 적어 담백한 맛을 자랑했습니다. 당시만 하더라도 알래스카는 자연산 연어의 주요 공급지였습니다. 그런데 1990년대 들어서면서 상황이 바뀌기 시작합니다. 세계적인 수산업 강국인 노르웨이가 양식 연어를 시장에 내놓으면서 알래스카 자연산 연어의 입지가 위협받게 되었습니다.

1970년대부터 노르웨이 정부와 수산 기업은 고품질의 연어 양식 사업을 추진해 왔습니다. 이들은 얼마 남지 않은 노르웨이 자연산 연어의 품종을 개량하여 소비자가 원하는 맛의 양식 연어를 만들어 냈

차고 깨끗한 바다에서 양식되는 노르웨이 연어

습니다.

노르웨이 양식 업자들은 소비자가 지방질이 많은 부드러운 맛의 연어를 선호하는 점에 착안해 특수한 사료를 개발했습니다. 초창기 연어용 사료는 여러 종류의 생선을 가공해서 만들었습니다. 하지만 연어 양식을 위해 다른 생선을 남획한다는 환경 단체의 비판이 일자 곡물을 이용한 사료를 개발했습니다.

노르웨이가 공장에서 물건을 만들어 내는 것처럼 연어를 대량 생산하면서 생산 과정에서 벌어지는 생명권 침해에 대한 논쟁이 끊이지 않고 있습니다. 태평양 바다를 마음껏 누비다가 산란을 위해 고향으로 돌아오는 알래스카 연어와 달리 노르웨이 연어는 부화부터 가공까지 모든 과정이 연어의 자연적인 습성을 무시한 채 이루어지고

태평양 자연산 연어를 공급하는 알래스카, 대서양 양식 연어를 공급하는 노르웨이

있습니다. 양식 연어의 수정란은 인공 부화실에서 부화됩니다. 온도
와 습도를 정확히 맞춘 플라스틱 통에서 연어 알이 부화하면 치어*가
됩니다.

이후 연어는 작은 수조로 옮겨져 성장기를 보냅니다. 치어는 몸무
게가 200g이 되면 북극해의 차가운 바다 위에 만들어진 가두리 양식
장으로 옮겨져 몸무게가 5kg이 될 때까지 사료를 먹고 자랍니다. 성
체가 된 연어는 가공 공장에서 도살되어 포장된 뒤 세계 각지로 팔려
나갑니다. 1980년대까지 독점적인 위치를 차지하던 알래스카 연어
는 이러한 노르웨이 양식 연어의 강력한 도전을 받게 되었습니다.

---

* 알에서 깬 지 얼마 안 되는 어린 물고기

주도권을 잡기 위한 노르웨이와 알래스카의 연어 경쟁

1980년대까지 연어 시장을 주름잡던 알래스카 연어는 주로 통조림으로 팔려 나갔습니다. 자연산 연어는 생활 환경상 기생충에 감염될 가능성이 있어 사람들은 연어를 익혀 먹었습니다. 서양 사람들은 야만인이나 날생선을 먹는다고 생각했기 때문에 연어를 날로 먹는 일은 거의 없었습니다.

그런데 1990년대 이후 일본인이 즐기던 초밥이 세계적으로 선풍적인 인기를 끌면서 날생선에 대한 나쁜 이미지가 사라졌습니다. 미국을 비롯한 유럽 각국, 중국 등 이전에는 날생선을 먹지 않던 국가들이 초밥을 먹기 시작하자, 냉동하거나 익히지 않은 생연어에 대한 수요가 늘어났습니다.

세계 최대 인구 대국인 중국 사람들이 연어를 먹기 시작하면서 연어 가격이 폭등했습니다. 중국은 무분별한 산업화로 강과 바다가 크게 오염되자 중산층 이상의 사람들이 자국산 수산물을 꺼리게 되면

세계인의 사랑을 받는
연어 초밥

서 연어를 대량으로 수입했습니다. 이처럼 세계적으로 연어에 대한 수요가 늘어나자 알래스카 자연산 연어와 노르웨이 양식 연어가 최고 자리를 두고 한판 승부를 벌였습니다.

노르웨이는 알래스카 자연산 연어와의 차별점을 강조하기 위해 기생충 문제를 부각했습니다. 알래스카 연어는 알을 낳기 위해 강을 거슬러 올라가는 도중에 민물에서 기생충이나 병균에 감염될 수 있습니다. 연어를 가열해서 조리해 먹을 때는 기생충이나 병균이 건강에 큰 문제를 일으키지 않지만 날로 먹을 때는 상황이 달라집니다.

노르웨이 수산 기업들은 '노르웨이 연어는 잡을 때까지 차가운 북극해에서 자라고 예방 백신도 맞기 때문에 기생충과 병균으로부터 안전합니다. 만일 노르웨이 연어를 먹고 질병에 걸리면 100만 달러를 보상해 드리겠습니다.'라는 대대적인 광고를 했습니다. 이 같은 적극적인 마케팅 덕분에 노르웨이 연어는 소비자에게 안전한 먹거리로 인식되어 승승장구했습니다.

반면, 알래스카 어민들은 좁은 곳에 몰아넣고 인공으로 양식한 노르웨이 연어보다는 제철 생선인 자연산 알래스카 연어가 건강에 더 좋다고 주장했습니다. 또한 돈에 눈이 먼 노르웨이 연어 양식업자들이 가두리 양식장에 연어를 가두는 바람에 연어가 일생에 한 번뿐인 고향으로 떠나는 긴 여행을 할 수 없다고 강조했습니다.

노르웨이는 계절 구분 없이 일 년 내내 양식 연어를 공급한다는 장점을 앞세워 세계 시장을 장악하고 있습니다. 연어 양식은 노르웨이

어민의 최대 수입원으로 자리매김하고 있습니다.

자연과 함께 살아가는 알래스카 사람들

알래스카는 미국 50개 주 가운데 삶의 만족도가 가장 높은 곳입니다. 그러나 극지방에 속한 알래스카는 다른 주에 비해 객관적인 삶의 여건이 열악합니다. 9개월간 이어지는 혹독한 추위는 사람들의 생활 반경을 좁게 만듭니다. 특히 한여름 동안 낮이 지속되는 백야 현상은 사람의 건강을 해치기 쉽습니다. 여름철 내내 태양이 지지 않기 때문에 잠을 제대로 이루기가 어렵습니다. 알래스카의 여름 하늘에 함께 떠 있는 해, 달, 별은 장관이지만 사람들의 건강에는 나쁜 영향을 줍니다.

밤에도 태양이 지지 않는 백야 현상

한편 겨울철에는 극야 현상이 발생해 해를 제대로 볼 수 없습니다. 지평선 위로 태양이 떠올라야 낮이 되는데 극지방에서는 정오에도 태양이 지평선 근처에 아슬아슬하게 걸쳐 있어 밤이나 다름없습니다. 고위도로 갈수록 해가 뜨는 시간이 점점 짧아져 온종일 밤이 지속되기 때문에 주민들은 활동에 많은 제약을 받습니다. 해가 뜨지 않아 날씨가 매우 춥고, 전기가 없는 공간에서는 아무 일도 할 수 없습니다. 극야에서는 사람들이 조명을 환히 밝혀 둔 실내에서 일을 할 수밖에 없습니다.

태양광은 식물의 생장뿐 아니라 인간의 심리에도 큰 영향을 미칩니다. 태양광이 풍부할수록 사람의 기분을 좋게 만드는 세로토닌이라는 호르몬이 증가합니다. 따라서 넘치도록 태양광이 내리쬐는 적도 부근에 사는 사람들이 낙천적입니다. 반면, 태양광이 충분하지 않

낮에도 밝지 않은 극야 현상

은 곳에 사는 사람들은 우울증에 시달리는 경우가 많습니다. 태양광이 충분하지 않은 알래스카의 자연환경은 생존에 불리하지만 주민들은 자연을 정복하려는 대신 자연에 순응하며 지혜롭게 살아갑니다.

미국 본토 사람들이 성공 지상주의를 추구하는 것에 비해 알래스카 주민들은 과한 욕심을 부리지 않는 소박한 삶에 더 큰 관심이 있습니다. 알래스카주 정부도 주민이 불편 없이 살 수 있도록 배려를 아끼지 않습니다. 석유 판매 대금 대부분을 주민에게 돌려주며, 전체 주민의 15%에 이르는 원주민 이누이트의 삶도 최대한 존중하고 있습니다.

미국이 알래스카를 차지하기 전까지 알래스카에서 가장 높은 산봉우리의 이름은 원주민 말로 '최고'를 의미하는 데날리였습니다. 그런

원래의 이름을 되찾은 데날리산

데 100여 년 전 미국 제25대 대통령 윌리엄 매킨리_{William McKinley}가 알래스카를 방문했을 때 최고봉에 자신의 이름을 붙이면서 매킨리봉이 되었습니다. 이에 대해 이누이트들은 끊임없이 이의를 제기해 마침내 1995년 알래스카 최고봉은 원래의 이름으로 바뀌었습니다.

알래스카의 이누이트는 인근에 있는 러시아나 캐나다의 이누이트와 달리 차별을 받지 않고 주민의 일원으로 당당하게 살아가고 있습니다. 알래스카의 모든 주민은 큰 욕심을 부리지 않고 자연에 순응하며 독특한 삶의 방식대로 생활해 나가고 있습니다.

지구 온난화로 고통받는 북극곰

북극은 얼음이 얼어 있는 바다입니다. 북극권에 속해 있는 알래스카는 18세기 후반 산업 혁명을 계기로 촉발된 지구 온난화의 직격탄을 맞고 있습니다. 특히 다른 지역보다 평균 기온이 많이 올라 심각한 피해를 보고 있습니다. 1959년 이후 지금까지 사라진 알래스카 빙하는 무려 4조t에 달합니다.

빙하가 녹는 속도도 점점 빨라져 1959년부터 1993년 사이에는 연평균 570억t의 빙하가 사라졌고 그 이후로는 매년 800억t 이상의 빙하가 사라지고 있습니다. 빙하가 녹으면서 바다코끼리, 바다표범, 북극곰 등 빙하를 터전으로 살고 있던 동물들이 수난을 당하고 있습니다. 특히 '북극의 지배자'로서 최상위 포식자의 위치를 차지하고 있는 북극곰은 빙하 위에서 사냥하고 새끼 곰을 양육하는데 빙하가 줄

지구온난화로 고통받는 북극곰

어들면서 생존 자체가 위태로운 상황입니다.

빙하가 빠르게 사라지면서 먹이가 줄어들자 북극곰은 굶주림에 시달리고 있습니다. 제대로 먹지 못해 뼈만 앙상하게 남은 북극곰은 예전에는 상상조차 할 수 없는 끔찍한 일을 저지르고 있습니다. 배고픔을 참지 못한 수컷 북극곰이 암컷 곰과 심지어 새끼 곰마저 잡아먹습니다. 이는 지구 온난화 이전에는 찾아볼 수 없는 광경이었습니다.

2008년 미국은 알래스카에 사는 북극곰을 멸종 위기종으로 지정하면서 보호하려고 노력하지만 인간의 힘으로 할 수 있는 일은 많지 않습니다. 북극곰의 활동 무대인 빙하가 지금과 같은 속도로 사라진다면 2050년에는 현재 2만 6,000여 마리인 북극곰의 개체 수가 30% 이상 감소해 1만 5,000여 마리 이하로 줄어들게 됩니다.

위기를 맞은 건 북극곰만이 아닙니다. 지구 온난화로 여름철 알래스카의 기온이 30℃까지 올라가자 알래스카 원주민이 사는 영구 동토층이 녹기 시작했습니다. 원래 알래스카의 땅은 여름철에 지표면만 녹을 뿐 지난 수천 년간 땅속 깊숙한 영구 동토층이 녹은 적이 없습니다. 그러나 지구 온난화가 지속되자 영구 동토층이 녹으면서 그위에 집을 짓고 살던 알래스카 원주민의 보금자리가 위협받게 되었습니다. 집의 무게를 지탱할 만큼 단단했던 영구 동토층이 녹아 땅이 물컹물컹해지자 집이 무너져 내리기 시작했습니다. 이에 더는 예전의 집에서 살 수 없게 된 알래스카 원주민들은 정든 고향을 버리고 다른 곳으로 이주해야 했습니다.

영구 동토층이 녹으면 그동안 그곳에 갇혀 있던 엄청난 양의 메탄가스가 방출되어 문제를 일으킵니다. 메탄가스는 지구 온난화를 일으키는 대표적인 온실가스로 최소 14억t 이상이 영구 동토층에 갇혀 있습니다. 만약 메탄가스가 모두 대기 중으로 방출될 경우 지구 온난화를 가속화해 이전보다 훨씬 빠른 속도로 기온이 상승하게 됩니다. 이렇게 되면 전 지구적 차원에서 해수면이 높아져 해발 고도가 낮은 국가들은 바닷물에 잠기게 됩니다.

지금도 알래스카 해안 지대 마을이 침수 피해를 입고 있으며 투발루나 몰디브 같은 태평양 도서의 국가들은 해수면 상승으로 국가의 존립이 위협받는 상태입니다. 여기에다 영구 동토층의 메탄가스까지 방출되어 기온이 높아지면 지금과는 비교할 수 없을 정도로 피해가 늘어납니다.

아픈 지구를 살리기 위한 파리기후변화협약

2015년 8월 버락 오바마 대통령의 알래스카 방문은 미국 사회에 큰 반향을 불러일으켰습니다. 1959년 알래스카주가 미국의 49번째 정식 주로 승격된 뒤 미국 대통령이 알래스카를 방문한 것은 이번이 처음이었습니다. 전직 대통령들에게 알래스카는 아시아 국가를 방문하는 길에 전용기 연료를 채우는 중간 기착지에 지나지 않았습니다.

오바마 대통령이 알래스카를 방문한 이유는 이곳이 지구 온난화에 의한 피해를 가장 크게 입고 있는 지역이기 때문입니다.

오바마는 다른 미국 대통령과 달리 집권 기간에 지구 온난화 문제에 큰 관심을 가지고 온실가스 배출을 줄이는 일에 앞장섰습니다. 그는 온실가스를 다량으로 발생시키는 화력 발전의 비중을 줄이기 위해 태양광이나 풍력 등 신재생에너지 보급과 에너지 효율을 높이는 일에 앞장섰습니다. 오바마 대통령 집권 동안 미국의 온실가스 배출량은 10%가량 줄어들어 눈에 띄는 성과를 거두었습니다.

알래스카를 방문한 미국 제44대 대통령 버락 오바마

오바마는 지구 온난화 문제에 무관심한 국민에게 알래스카가 처한 현실을 보여줌으로써 기후 변화 문제에 미국인도 책임감을 느끼도록 노력했습니다. 그는 녹고 있는 빙하 위를 기자들과 함께 걸었고 해수면 상승으로 고통받고 있는 마을을 방문해 주민의 고충을 듣기도 했습니다. 또한 국민에게 "미국을 비롯한 전 세계가 더욱 적극적으로 기후 변화 방지를 위해 행동해야 합니다. 빙하가 녹도록 내버려 두어 해수면이 상승한다면 우리 자녀들은 회복 능력을 상실한 지구에서 살게 될 것입니다."라고 경고했습니다.

2015년 12월 12일 프랑스 파리에서 미국을 포함한 195개국 대표가 모여 온실가스 배출을 감축하기로 약속하는 파리기후변화협약을 맺었습니다. 미국은 세계 최대의 온실가스 배출국인 중국에 이어 두 번째로 많은 온실가스를 배출하는 국가이지만 오바마 대통령이 등장하기 이전까지는 환경을 보호하는 일에 소극적이었습니다. 오바마는 파리기후변화협약이 성공할 수 있도록 중국까지 끌어들였고 지구 환경 보호를 위해 미국의 책임을 다하려고 했습니다. 이 협약은 계획대로 실행된다면 지구 온난화 속도를 어느 정도 줄일 수 있는 국제 사회의 약속이었습니다.

그런데 2016년 도널드 트럼프가 대통령에 당선되면서 상황이 바뀌었습니다. 기업인 출신인 트럼프는 대통령이 되기 이전부터 오바마의 환경 보호 정책에 회의적이었습니다. 그는 지구 환경을 지키는 일보다는 기업의 이윤 추구와 일자리 증가가 중요하다고 생각했습니

자연 보호와 개발 사이에서 갈등을 겪고 있는 알래스카

다. 그리고 트럼프는 자신이 대통령에 당선될 경우 오바마의 친환경 정책을 폐기하는 것을 선거 공약으로 내세웠습니다.

트럼프는 환경 보호 정책 시행이 온실가스를 대량으로 배출하는 기업의 부담을 늘려 미국 기업의 경쟁력이 떨어질 것이라고 우려하는 친기업 경제 성장 우선주의를 취했습니다. 이에 오바마는 트럼프를 향해 "친환경 정책이 경제 성장을 막는다는 것은 근거 없는 주장이다. 국가 지도자가 되려는 자는 근시안적인 정책을 세우기보다는 미래 지향적이고 장기적인 목표를 세워야 한다."라는 경고의 메시지를 남겼습니다.

오바마의 주장은 온당합니다. 정부가 환경 보호를 위해 강력한 규제를 하면 기업은 온실가스를 조금이라도 덜 배출하기 위해 노력합니다. 이전보다 효율적으로 에너지를 사용해 온실가스 배출을 감소시키려고 합니다. 또한 태양광이나 풍력 같은 신재생에너지를 적극적으로 활용하면서 화석 연료 사용량을 줄일 수 있습니다. 에너지 사용을 줄이려고 노력하는 과정에서 이와 관련된 분야의 새로운 일자리가 만들어지게 됩니다.

트럼프는 대통령에 당선되자마자 오바마가 추진했던 친환경 정책을 유명무실하게 만들었습니다. 화석 연료 사용을 줄이기 위해 노력하는 것이 아니라 오히려 화석 연료 생산과 소비를 늘리는 일에 앞장섰습니다. 이를 위해 알래스카를 비롯한 미국 전역에서 기업이 이전보다 손쉽게 셰일 가스나 석유 같은 화석 연료를 채굴할 수 있도록 했습니다.

환경 보호주의자 대부분은 트럼프의 화석 연료 사용 확대 정책이 지구 온난화를 부추겨 미국을 비롯한 전 세계에 악영향을 끼칠 것이라고 목소리를 높이고 있습니다.

★

제2의 알래스카, 그린란드

1867년 앤드류 존슨 대통령은 러시아로부터 알래스카를 매입한 뒤 내친김에 그린란드까지 매입하려고 했다. 알래스카는 미국 본토를 기준으로 북동쪽에 있고 그린란드는 북서쪽에 있는데 두 지역 모두 백인이 살지 않던 이누이트의 땅이었다. 그린란드는 세계에서 가장 큰 섬으로 18세기 이후 덴마크의 식민지가 되었다. 그린란드는 영토의 80% 이상이 얼음으로 덮여 있어 농사를 지을 수 있는 땅이 2% 정도밖에 되지 않아 예나 지금이나 원주민을 제외한 사람들이 살기 힘든 곳이다.

앤드류 존슨 대통령은 북아메리카 대륙과 지리적으로 밀접한 그린란드가 유럽인의 차지가 되는 것을 못마땅하게 생각해 그린란드를 사들여 제2의 알래스카로 만들려고 했지만 뜻을 이루지 못했다. 1946년 해리 트루먼 대통령은 구체적으로 1억 달러라는 금액을 제시하면서 덴마크로부터 그린란드를 사들이려고 했다. 트루먼 대통령이 사람이 거의 살지 않는 그린란드를 거액을 들여 사들이려고 한 이유는 소련에게서 미국을 지켜내기 위해서였다. 미국은 소련의 수도 모스크바로부터 불과 3,600km 정도 떨어진 그린란드에 핵미사일을 배치함으로써 소련과 벌이는 군비 경쟁에서 우위를 차지하고자 했다. 그러나 이번에도 덴마크가 트루먼의 제안을 거절했다. 하지만 미국이 그린란드에 미군 기지를 만들겠다는 제안

에는 승낙했다.

미국은 그린란드에 소련을 공격할 수 있는 장거리 폭격기를 운용하는 공군 기지를 건설하겠다고 했지만 실상은 달랐다. 미국은 덴마크 몰래 그린란드 빙상 밑에 핵미사일 기지를 건설하는 '얼음 벌레'라는 비밀 프로젝트를 진행했다. 단단하게 얼어 있는 빙상을 파고 군 수백 명이 주둔할 수 있는 거대한 지하 기지를 짓는 일은 쉬운 일이 아니었다. 그린란드 기지 건설은 파나마 운하 건설 이후 가장 힘든 프로젝트였을 만큼 고난의 연속이었다. 고생 끝에 얼음 밑에 기지를 건설했지만 이후 문제가 발생했다. 기지 위로 눈이 계속 쌓이면서 얼음의 두께가 두꺼워지자 기지가 붕괴할 위기에 처했다. 결국, 비밀 기지는 제대로 사용조차 하지 못하고 폐기되었고 미군은 지상의 공군 기지만을 운용해야 했다.

한동안 미국의 관심에서 멀어졌던 그린란드는 2017년 트럼프 대통령이 임기를 시작하면서 다시 주목받기 시작했다. 지구 온난화로 북극의 얼

그린란드에 있는 미군 기지

음이 매년 줄어들자 아시아를 거쳐 유럽으로 가는 새로운 바닷길이 생겨났다. 새로운 북극 항로는 동남아시아와 중동을 거쳐 유럽으로 가는 기존 항로보다 거리가 짧아 기업의 운반비 부담이 크게 줄어들게 되었다. 아직은 북극의 빙하가 많이 녹지 않아 여름철에만 한시적으로 이용되지만 수십 년 뒤에 빙하가 대부분 사라진다면 일 년 내내 이용할 수 있게 될 것이다.

트럼프 대통령은 아시아에서 유럽으로 가는 길목에 있는 그린란드를 미국 땅으로 만들고 북극 항로를 장악하면 여러 아시아 국가, 특히 중국을 꼼짝 못하게 만들 수 있다고 생각했다. 트럼프 집권 이후 미국과 중국 사이에 주도권 경쟁이 치열해졌다. 중국은 북극 항로에 대한 주도권을 잡기 위해 그린란드에 대규모 투자 제안을 했지만 덴마크가 거절했다. 인구가 5만 6,000명에 불과한 그린란드에 공항을 만들고 자원을 개발한다는 이유로 중국인이 대거 몰려오면 그린란드의 중국화가 불 보듯 뻔했기 때문이다.

중국이 그린란드를 탐내자 2019
년 트럼프 대통령은 그린란드를 미
국에 팔 것을 덴마크에 정식으로 요
구했다. 트럼프가 속한 공화당 당원
들은 미국 영토에 그린란드를 포함
한 지도를 넣은 티셔츠를 만들어 입
고 다니기도 했다. 그러나 덴마크는
이번에도 "그린란드는 판매의 대상
이 아니다."라고 말하며 미국의 요

그린란드를 미국의 51번째 주로 표현한 티셔츠

구를 거절했다. 트럼프는 덴마크가 자신의 제안을 협상 테이블에 올리지
도 않고 거절하자 오래전부터 예정된 덴마크 국빈 방문을 취소하며 불편
한 심기를 드러냈다. 한 국가의 최고 지도자가 사전에 약속한 국빈 방문
계획을 취소하는 일은 극히 드문 일로 상대 국가에 대한 매우 무례한 행
동이다.

트럼프가 그린란드에 집착한 또 하나의 이유는 그린란드를 인수할 경
우 역사에 위대한 대통령으로 길이 남을 것이기 때문이다. 실제로 1867
년 알래스카를 인수한 앤드류 존슨 대통령과 슈어드 국무장관은 역사책
에 이름을 남겼고 미국인에게 위대한 업적을 이룩한 위인으로 추앙받고
있다. 이 같은 영광을 누리기 위해 트럼프는 그린란드 구입에 열을 올리
고 있지만 유럽의 부유한 나라 덴마크는 그린란드를 돈을 받고 미국에
팔아야 할 필요성을 전혀 느끼지 못하고 있다.

4장

환상적인 관광지이자 군사 요충지,

하와이

하와이 제도를 통일해 왕국을 건설한 카메하메하

하와이는 북태평양 동쪽에 있는 화산섬입니다. 까마득한 먼 옛날 화산 폭발로 이루어진 주요 섬 8개와 작은 섬 100개가 600km에 걸쳐 흩어져 군도를 이루었습니다. 각종 동물의 지상 낙원이던 하와이에 인간이 정착한 것은 지금으로부터 1,500년 전의 일입니다.

카누를 타고 하와이에 정착한 폴리네시아인

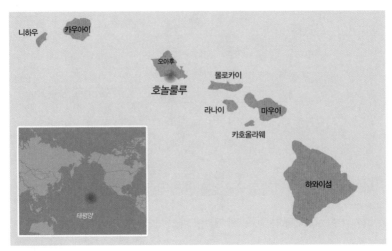

하와이 제도

남태평양에 살던 폴리네시아 Polynesia * 원주민이 지붕도 없는 카누를 타고 적도 너머 하와이에 정착하면서 본격적인 개척이 시작되었습니다. 이곳에 자리 잡은 폴리네시아인들은 작은 카누를 타고 수천 킬로미터를 이동할 정도로 바다에 정통한 사람들이었습니다. 하지만 그들은 단일 민족이 아니었기 때문에 정착 뒤 부족별로 나뉘어 각자의 영역을 지키기 위해 치열하게 경쟁하며 살았습니다. 게다가 영역을 넓히기 위한 부족 간의 대립으로 전쟁이 심심치 않게 일어났고 그때마다 서로 반목이 심해졌습니다.

1778년 1월 영국인 제임스 쿡 James Cook 선장이 서양인 최초로 하와

---

* 태평양 중·남부에 펼쳐져 있는 여러 섬

이 앞바다에 도착하면서 하와이의 운명이 송두리째 바뀌었습니다. 하와이의 여러 부족 중 한 부족을 이끌던 카메하메하Kamehameha 부족 장은 영국인이 가져온 총포의 위력을 목격한 뒤 욕심을 부리기 시작 했습니다. 서양식 총포만 있다면 다른 부족을 모두 제압해 하와이를 독차지할 수 있다고 판단해 몰래 무기를 들여왔습니다.

서양식 총포를 동원해 이웃 부족을 하나씩 정복한 카메하메하는 1795년에 이르러 거의 모든 섬을 차지하는 데 성공했습니다. 1810년 하와이 제도를 통일하는 대업을 이룬 그는 카메하메하 왕조를 열고 초대 국왕이 되었습니다. 서양 무기 덕분에 왕조를 세울 수 있었던 그는 서양과 교류하는 일에 매우 적극적이었습니다. 태평양의 지리 적 요충지에 있는 하와이는 영국, 프랑스 등 유럽 국가와 미국의 관 심을 끌기에 충분했습니다.

하와이 제도를 통일한
카메하메하

서양인 중 처음으로 하와이에 도착한
제임스 쿡

1820년대 북태평양을 무대로 고래잡이가 활발해지면서 하와이는 미국 포경업자들이 머물러 휴식을 취하고 필요한 물품을 충당하는 보급 기지가 되었습니다. 비슷한 시기에 미국의 개신교 선교사들도 하와이로 밀려오기 시작했습니다. 대부분 미국 북동부 출신이었던 선교사들은 하와이에 정착해 살며 점차 뿌리를 내렸습니다.

미국이 하와이에서 영향력을 확대해 나가자 영국이 견제에 나섰습니다. 1843년 영국 해군은 하와이를 침공해 일시적으로 국왕을 폐위하고 왕정을 폐지하기도 했습니다. 이후 영국인이 하와이로 이주해왔고, 영국을 필두로 한 유럽과 미국은 하와이를 두고 첨예한 대립을 이어 갔습니다.

백인이 몰고 온 전염병으로 쓰러져 간 하와이 원주민

폴리네시아계 하와이 원주민은 제임스 쿡이 들어오기 전까지는 외부인과 접촉을 한 적이 없었습니다. 따라서 이들은 서양에 만연한 인플루엔자, 천연두, 홍역 등 온갖 종류의 전염병에 대한 면역력이 없었습니다. 1820년대 이후 미국 포경선이 태평양에서 고래를 잡기 위해 하와이를 전진 기지로 삼으면서 선원들이 각종 전염병을 하와이 원주민에게 퍼뜨렸습니다.

서양인은 오랜 기간 전염병에 시달리면서 나름대로 저항력이 생겨서 별다른 문제가 없었습니다. 하지만 하와이 원주민은 병균에 속수무책으로 쓰러졌습니다. 인구의 70% 이상이 전염병으로 목숨을 잃는 비극을 겪었습니다. 그중에서도 하와이 원주민을 괴롭힌 것은 한센병입니다.

한센병은 나균에 의해 감염되는 만성 전염병입니다. 나균이 몸속에 들어오면 신경계에 손상을 입혀 촉감, 온도 감각 등 피부의 모든 감각을 잃게 되고 결국에는 손가락과 발가락의 말단 부위가 떨어져 나갑니다. 눈은 녹내장, 백내장 등이 생겨 실명하기 쉬우며 코도 내려앉아 안장코로 변합니다. 이처럼 한센병에 걸리면 몸에 심각한 변형이 생기기 때문에 '문둥병'이라 불렸고, 하늘의 벌을 받아 끔찍한 병에 걸렸다고 생각해 '천형병'이라고도 했습니다. 나균이 전염시키는 병이라 '나병'이라고도 부릅니다.

한센병 환자를 강제 격리한 몰로카이섬

1860년대에 들어서자 하와이 전역에 한센병이 유행했습니다. 당시 하와이 원주민의 10~15%가량이 나균에 감염되었을 정도로 한센병이 기승을 부리자 하와이 국왕은 1866년부터 환자를 강제로 몰로카이Molokai섬에 격리했습니다. 그런데 환자를 격리하는 과정에서 조금이라도 증상이 있으면 어린아이도 강제로 섬에 보내면서 심각한 인권 유린이 벌어졌습니다. 이들은 몰로카이섬에 도착하는 순간부터 외부 세계와 완전히 단절되었습니다.

국왕은 한센병 환자에게 적절한 치료는커녕 먹을 것조차 공급해 주지 않고 내버려 두었습니다. 시간이 흐르자 아름다운 풍경을 자랑하던 몰로카이섬은 한센병 환자로 가득한 죽음의 땅으로 변해 갔습니다. 그곳에 갇힌 한센병 환자들은 깊은 절망감과 함께 분노에 사로잡혔습니다.

하와이 한센병 환자들의 성자, 다미앵 신부

1873년 하와이 국왕조차 버린 한센병 환자를 돌보기 위해 33살인 젊은 가톨릭 신부 다미앵 드 뵈스테르Damien de Veuster가 홀로 몰로카이섬에 들어갔습니다. 벨기에의 가톨릭 선교사인 그가 한센병 환자의 정착촌으로 간 것은 사실상 목숨을 내놓는 일과 다름없었습니다.

오늘날 한센병은 치료 약이 개발되어 완치가 가능합니다. 치료 약을 먹으면 나균이 활성화되지 못하기 때문에 다른 사람에게 전염될 가능성이 거의 없습니다. 그러나 하와이에 한센병이 창궐했던 19세

한센병 환자를 위해 헌신했던 다미앵 드 뵈스테르 신부

기 후반은 지금과는 상황이 완전히 달랐습니다. 한센병을 치료할 수 있는 효과적인 치료제가 없었고 한센병의 전염력은 매우 강했습니다. 따라서 한센병 환자와 아예 접촉하지 않는 것이 병에 걸리지 않는 최고의 방법이었습니다.

다미앵 신부는 한센병에 감염될 수 있음을 알고도 환자를 돌보기 위해 몰로카이섬으로 들어갔습니다. 그가 본 한센병 환자의 모습은 처참하기 그지없었습니다. 치료받지 못한 환자의 몸에 나균이 퍼져 손가락이 떨어져 나가고 피고름이 흘러내렸습니다. 다미앵 신부는 환자들의 끔찍한 모습에 개의치 않고 그들과 같은 집에서 살며 함께 음식을 먹으면서 온 힘을 다해 돌보았습니다. 그들의 몸에서 흘러내리는 피고름을 군말 없이 닦아 주면서 쾌유를 위해 신에게 기도했습니다.

　몰로카이섬에 들어간 지 12년 만인 1885년 어느 날, 다미앵 신부는 펄펄 끓는 물을 맨발 위에 쏟고 말았습니다. 이상하게도 끓는 물에 덴 발이 전혀 아프지 않았는데 이것은 한센병에 걸렸음을 의미합니다. 한센병에 걸렸다는 것은 사형 선고나 다름없는 일이지만 다미앵 신부는 오히려 그 자리에서 무릎을 꿇고 신에게 감사 기도를 올렸습니다. 그는 동료 신부에게 보낸 편지에서 '드디어 하느님의 은총이 저에게 내렸습니다.'라고 말하며 죽는 날까지 한센병 환자를 위해 살 것을 다짐했습니다.

　한센병이 발병한 지 4년 만인 1889년 다미앵 신부는 49세를 일기로 세상을 떠났습니다. 몰로카이섬의 한센병 환자 모두가 목 놓아 울었습니다. 다미앵 신부의 뜻대로 그의 시신은 몰로카이섬에 묻혀 지금도 그대로 남아 있습니다.

　1987년 지병을 앓고 있던 수녀가 다미앵 신부를 향해 기도한 뒤 완쾌되었습니다. 또한 1999년 호놀룰루Honolulu에 살던 폐암 말기 여성이 다미앵 신부의 무덤가에서 기도를 올린 뒤 폐암이 완치되는 기적이 일어났습니다. 이에 로마 교황청은 다미앵 신부가 세상을 떠난 지 120년 만인 2009년 그를 성자로 공식 추대했습니다. 다미앵 신부는 모두가 꺼리고 싫어한 한센병 환자를 헌신적으로 돌봄으로써 사랑의 실천이 무엇인지를 보여 준 진정한 성직자로 지금까지도 하와이 사람들에게 기억되고 있습니다.

하와이의 농장 노동자로 이주를 시작한 중국인과 일본인

1848년 하와이 국왕은 서양 세력의 압력에 굴복해 외국인의 농지 소유를 허용했습니다. 이후 주로 미국인들이 앞장서 세상 물정에 어두운 하와이 원주민의 땅을 헐값에 사들였습니다. 미국인 지주는 하와이의 무더운 기후를 활용해 바나나, 사탕수수, 파인애플 등 열대작물을 재배하려고 했습니다. 그러나 백인이 몰고 온 전염병에 폴리네시아계 원주민이 거의 몰살되었기 때문에 노동력 부족 문제에 부딪히게 되었습니다. 이에 백인 지주는 대농장의 노동자로 부리기 위해 가난한 중국인을 불러들였습니다.

하와이에서 농장 노동자로 일하게 된 중국인은 현지 생활에 적응하자마자 농장을 떠나 백인 농장주의 속을 썩였습니다. 농장을 벗어난 중국인은 장사꾼이 되어 하와이 원주민을 상대로 물건을 팔았습

농장 근로자로 하와이에 정착한 일본인

일본풍으로 만든 하와이의 교회

니다.

중국인의 비위생적 생활 역시 백인 농장주의 얼굴을 찌푸리게 했습니다. 당시 백인에 비해 위생 관념이 부족하던 중국인이 거주하는 곳은 지저분하기 그지없었습니다. 중국인은 비위생적 생활 환경 때문에 전염병에 취약했고 한센병을 옮기는 데 결정적인 역할을 했습니다. 한센병에 걸린 중국인이 이곳저곳에 흩어져 살면서 하와이 전역에 한센병이 돌았습니다. 그래서 하와이 사람들은 한센병을 '중국병'이라고 부르기도 합니다. 중국인 노동자가 여러 가지 문제를 일으키자 하와이 국왕은 1882년부터 중국인 노동자의 입국을 금지했습니다.

백인 농장주는 중국인 대신 일본인을 농장 노동자로 활용했습니다. 1885년부터 하와이에 유입되기 시작한 일본인 이민자는 삽시간에 6만 명을 넘어서며, 노동 시장의 70% 이상을 차지하는 거대 세력으로 성장했습니다. 일본인은 이민 초기에 근면함과 성실함으로 백인 농장주에게 좋은 인상을 주었습니다. 더구나 중국인보다 위생 관념이 좋아 전염병을 옮기지도 않았습니다.

시간이 지나자 일본인 역시 백인 농장주의 눈에 거슬리는 행동을 일삼기 시작했습니다. 단결심이 남달랐던 일본인은 힘을 합쳐 백인 농장주에게 임금 인상, 근로 시간 단축 등 처우 개선을 요구했습니다. 만약 백인 농장주가 요구 조건을 받아들이지 않을 경우 동맹 파업도 불사했습니다. 이로 인해 농장주가 입는 손실은 막대했습니다. 이처럼 중국인 대신 들여온 일본인도 농장주의 입장에서 볼 때 말썽을 일으키자 백인 농장주는 조선 사람들에게 관심을 두기 시작했습니다.

꿈을 품고 하와이 이민선에 몸을 실은 조선인

1900년대에 들어서자 조선 전역에 가뭄이 들어 백성의 삶을 고달프게 했습니다. 당시는 제국주의 국가 일본이 조선을 차지하기 위해 열을 올리던 때로 나라의 운명이 바람 앞의 등불과 다를 것이 없었습니다. 가뜩이나 먹고살기 힘든 조선에 흉년이 계속되자 백성들은 탈출구를 찾으려 했습니다. 이 무렵 하와이 농장주는 일본계 인력 송출 업체와 손잡고 조선인 노동자를 들여오기 위한 작업에 나섰습니다.

조선 전역에 '하와이는 추위나 더위가 없는 연중 온화한 날씨입니다. 나라 전체가 비옥해 곡식과 과일이 넘쳐나 굶주리는 사람도 없습니다. 또한 일자리가 넘치고 많은 돈을 벌 수 있는 지상 낙원입니다.' 라는 광고가 붙었습니다. 인력 송출 업체의 과대광고에 속은 조선인 121명은 하와이로 건너가기로 마음먹었습니다.

1902년 12월 22일, 하와이 이민 길에 오른 조선인은 인천항에서 온 가족의 배웅을 받으며 떠났습니다. 인천항은 조선인 이주 노동자와 그들을 떠나보내는 가족의 울음소리로 가득했습니다. 다시 만날 기약이 없었기 때문에 사실상 마지막 만남이나 다름없었습니다. 조선인 노동자를 태운 일본 상선은 가족의 슬픔을 뒤로 한 채 출항해 이틀 뒤인 12월 24일 일본 나가사키항에 도착했습니다.

일본 현지에서 건강 검진을 받은 조선인 중 건강 상태가 좋지 않은 19명은 하와이로 가는 배에 오를 수 없었습니다. 결국 조선인 102명만 하와이로 향하는 미국 상선에 몸을 싣고 긴 항해 끝에 이듬해인 1월 13일 하와이에 도착했습니다.

하와이는 광고에서 말하던 낙원과는 거리가 멀었습니다. 온화한 날씨가 아니라 일 년 내내 무더운 열대 기후 지역으로 사계절이 뚜렷한 나라에 살던 조선인에게는 결코 살기 좋은 곳이 아니었습니다. 그곳에서는 누구도 조선인 노동자의 이름을 알려고 하지 않았고 가슴에는 이름표 대신 번호표가 붙여졌습니다.

사탕수수 농장에 배치된 조선인은 온종일 땡볕 아래서 길이가 3~4m에 이르는 거대한 사탕수수를 잘랐습니다. 날카로운 칼에 손을

고된 삶을 이어 간
하와이 한인들

베기가 십상이었고 작업 시간에 동료와 이야기조차 할 수 없었습니다. 또한 작업 속도를 따라가지 못하면 농장주가 고용한 감독관이 가차 없이 채찍으로 내리쳤습니다.

일과를 마친 조선인 노동자는 군대 막사와 같은 열악한 숙소에서 잠을 청해야 했습니다. 이들은 백인이나 일본인보다 적은 월급을 받는 불이익을 당했고 아파도 제대로 치료조차 받을 수 없었습니다. 그렇지만 이들은 어떤 고난이 찾아와도 좌절하지 않고 극복해 나가면서 하와이 땅에 뿌리를 내렸습니다.

사진 교환으로 이루어진 '사진결혼'

1902년부터 시작된 조선인 노동자의 하와이 이주는 1905년까지 계속되었고 그 수는 7,000명을 넘었습니다. 이 중에서 90%가량이 남성이었습니다. 10% 정도 되는 여성도 남편을 따라 이주한 기혼녀로서 하와이에는 결혼 적령기인 조선인 처녀는 없었습니다. 대부분 20~30대였던 조선인 남성은 배우자를 만나지 못해 애를 태웠습니다.

극심한 성비 불균형 때문에 노총각으로 늙어 가는 남성이 늘어나자 사진을 보고 결혼하는 방법이 등장했습니다. 중매쟁이가 남성 사진을 조선의 여성에게 보여 주면서 결혼을 권유했는데 만약 여성이 결혼에 동의하면 남성은 초청장과 함께 여비를 보냈습니다. 이역만리에 사는 남성과 한 번도 만나지 않고 결혼을 결정한 처녀는 대부분 먹거리가 없을 정도로 가난한 집 여성이었습니다. 이들은 새로운 삶을 위해 하와이로 떠났지만 섬에 도착하는 순간 실망을 금치 못했습니다. 마중 나온 남자가 사진 속처럼 젊은 모습이 아니라, 아버지뻘 되어 보이는 늙은 남자였기 때문입니다.

남성은 하와이로 여성을 불러들이기 위해 젊은 시절의 사진이나 다른 남자의 사진을 보내기도 했는데 사진만 보고 하와이로 온 여성은 충격에서 벗어나지 못했습니다. 일부 여성이 자살하거나 멀리 도망가는 경우가 있었지만, 대부분 고국으로 돌아갈 뱃삯을 마련하지 못해 결혼식을 올렸습니다. 1910년부터 1924년까지 1,000명이 넘는 조선인 여성이 결혼을 위해 태평양을 건넜습니다. 이렇게 결혼한 사람들은 힘을 합쳐 악착같이 돈을 모으고 자녀 교육에 힘쓰는 등 현실에 적응하려고 노력했습니다.

1910년 일본이 불법으로 조선을 강제 합병하면서 하와이 교민은 한순간에 나라 없는 민족이 되고 말았습니다. 다른 민족은 언제든지 돌아갈 고국이 있었지만 조선인은 더는 돌아갈 고국이 없었습니다.

그들은 나라 없는 이민자가 되어 하와이를 제2의 조국으로 삼을 수밖에 없었습니다.

일본이 한반도에서 패악을 저지르자 하와이의 한인은 다양한 방법으로 일본과 하와이의 일본인을 견제했습니다. 한일 병합 이후 하와이의 한인은 풍족하지 않은 형편임에도 돈을 모아 상해 임시 정부를 비롯한 각종 독립군 단체에 보냈습니다. 또한 스스로 독립운동 단체를 만들어 해외 교포 중 가장 적극적으로 독립운동에 나섰습니다.

미국 출신 백인 농장주는 한인이 침략국 일본을 혐오하고 있다는 점을 이용해 하와이의 일본인이 시위나 파업을 벌일 때마다 한인을 투입해 문제를 해결하려고 했습니다. 나라 잃은 분노에 가득 찬 한인은 시위나 파업 현장에 출동할 때마다 과격한 방법을 동원해 일본인의 집단행동을 분쇄했습니다. 이로 인해 두 민족 간의 뿌리 깊은 갈등은 더욱 깊어졌습니다.

인구가 6배가량 많았던 하와이의 일본인은 수시로 한인을 공격해 피해를 주었습니다. 이에 백인 농장주는 한인을 보호하기 위해 숙소 주변에 보초를 배치하기도 했습니다.

이와 같이 나라 잃은 한인에게 하와이는 독립을 되찾기 위한 기지로서 해방이 되는 날까지 그 역할을 충실히 했습니다.

불법으로 하와이를 복속한 미국

19세기 후반 들어 미국의 국력이 강해짐에 따라 하와이는 미국의 영향을 점점 많이 받게 되었습니다. 1874년 카메하메하 왕조의 제7대 국왕에 즉위한 칼라카우아Kalākaua는 국내 정치에는 별다른 관심이 없었습니다. 1875년 하와이에 대한 주도권을 두고 영국과 치열한 경쟁을 벌이던 미국은 하와이를 독차지하려는 속셈으로 국왕에게 달콤한 제안을 했습니다. 하와이의 최대 수출품인 사탕수수를 무관세로 전량 수입하는 조건으로 미국이 진주만에 해군 기지를 운영할 수 있게 해 달라고 요구했습니다. 또한 의회제*를 도입하고 하와이에 거주하는 미국인에게 국회의원을 뽑을 수 있는 권리를 달라고 요구했습니다.

허례허식으로 국민의 반감을 산 하와이 왕국 국왕 칼라카우아

국왕은 사탕수수가 하와이를 먹여 살리다시피 했기 때문에 무관세 혜택이 사탕수수 산업에 날개를 달아 줄 것이라고 판단해 미국의 제안을 기꺼이 받아들였습니다. 이로 인해 하와이에 거주하는 미국인은 투표권을 갖게 되었고, 국회에 의원을 보낼 수 있게 되었습니다.

---

* 국민이 선거로 뽑은 의원들의 모임인 의회를 국민의 대표 기관으로 인정하는 정치 제도

하와이 왕국의 몰락을 불러온 이올라니 궁전

1881년 칼라카우아 국왕은 견문을 넓힌다는 명분으로 8개월 동안 왕좌를 비워 둔 상태로 세계 일주를 하고 돌아왔습니다. 여행 도중 영국에서 본 버킹엄 궁전에 매료된 국왕은 하와이에 빅토리아 양식* 의 화려한 궁전을 짓기로 마음먹었습니다.

국왕이 원하는 왕궁을 짓는 데는 하와이 왕국의 1년 예산보다 많은 35만 달러가 필요했습니다. 국왕은 왕국의 주요 자산을 미국에 팔아서 건축 비용을 충당했습니다. 1883년 거대하고 화려한 이올라니 궁전이 완공되었습니다. 국왕은 내친김에 미국에게 돈을 더 빌려 초호화 대관식까지 치르는 등 허례허식에 국력을 탕진했습니다. 국왕

---

* 영국 빅토리아 여왕 재위 기간(1837~1901년)에 유행했던 건축 양식

의 사치로 국고가 바닥나고 나라가 빚더미에 올라앉자 국민의 거센 비판 여론이 빗발쳤습니다. 국왕이 사치스러운 생활을 하는 동안 미국은 하와이에 대한 경제적 지배를 빠르게 확대했습니다.

미국에게서 무관세 혜택을 받게 된 하와이의 사탕수수는 쿠바, 자메이카 등 고율의 관세를 내는 카리브해 국가를 제치고 미국 시장을 휩쓸었습니다. 사탕수수 산업이 호황을 거듭할수록 많은 미국인이 하와이로 건너가 사탕수수 농장을 사들였습니다. 시간이 흐를수록 하와이 왕국의 미국에 대한 수출 의존도가 커지면서 유입되는 미국인의 수도 비례해 늘어났습니다.

하와이 경제가 미국에 완전히 종속되고 진주만에 미국 해군 기지가 완성되자 1890년에 미국은 돌연 무관세 혜택을 취소했습니다. 저렴한 하와이 사탕수수 때문에 자국 농민의 피해가 막심하다는 이유로 다시 관세를 부과한 것입니다. 그러자 하와이 사탕수수 산업은 하루아침에 침체의 나락으로 떨어졌습니다. 미국 본토로부터 3,850km 떨어져 있는 하와이의 사탕수수는 장거리 운송 비용 때문에 가까운 거리에 있는 쿠바산보다 비쌀 수밖에 없었습니다.

하와이 경제가 파산 위기에 처하자 국왕에 대한 국민의 반감은 더욱 커져 왕권을 위협할 지경에 이르렀습니다. 더구나 미국의 요구로 도입한 의회제 때문에 국왕의 권력은 약해졌습니다. 하와이의 국회의원 대부분이 미국 출신이었기 때문에 국왕은 정치 경제 등 모든 면에서 사사건건 미국의 간섭을 받아 제대로 왕 노릇조차 할 수 없었습

백인이 토지를 장악하고 아시아인이 노동력을 제공한 하와이

니다. 1891년 칼라카우아 국왕은 그토록 집착한 이올라니 궁전에서 화병으로 최후를 맞이했습니다.

칼라카우아 국왕이 별세할 무렵 하와이 농지는 대부분 미국인 소유였고 이들이 아시아에서 불러들인 노동자가 인구의 다수를 차지하는 상황이었습니다. 허영심 많은 칼라카우아 국왕으로 인해 하와이 왕국은 빠르게 몰락의 길로 접어들었습니다.

역사 속으로 사라진 100년의 역사, 하와이 왕국

근근이 왕조의 명맥을 유지하던 하와이 왕국의 명줄이 끊기는 일은 책 한 권에서 비롯되었습니다. 1890년 미국의 해군 제독 알프레드 머핸Alfred Mahan은《해양력이 역사에 미치는 영향》을 출간하면서 미국이 패권국으로 성장하려면 반드시 해양력을 키워야 한다고 주장했습니다. 네덜란드나 영국같이 인구가 적고 천연자원도 거의 없는 나라가 강대국이 될 수 있었던 가장 중요한 이유는 강력한 해양력에 있었음을 그는 저서를 통해 치밀하게 증명했습니다.

알프레드 머핸의 주장은 미국의 대외 정책에 큰 영향을 미쳤습니다. 이후 미국은 점차 고립주의를 포기하고 팽창주의 정책으로 전환해 갔습니다. 그의 주장대로 미국은 해군력을 강화해, 1893년까지 세계 10위권 밖이었던 미국의 해군력은 영국, 독일에 이어 세계 3위로 부상했습니다. 해군력이 어느 정도 갖추어진 미국은 5대양 6대주로 뻗어 나가고자 했는데 이를 위해서는 무엇보다도 하와이가 필요했습니다. 태평양 가운데 있는 하와이야말로 아시아나 중동으로 진출할 때 반드시 거쳐야 하는 요충지였기 때문입니다.

미국의 해군 전략가 알프레드 머핸

하와이를 차지하기로 작정한 미국은 본격적인 작업에 들어갔습니다. 1891년 칼라카우아 국왕이 세상을 떠나자 친미파로 이루어진 하와이 의회는 국왕의 여동생인 릴리우오칼라니Liliuokalani를 새로운 국왕으로 추대했습니다. 친미파 의회가 그녀를 만만한 상대라고 여겨 여왕으로 추대한 것입니다.

하지만 여왕은 결코 다루기 쉬운 존재가 아니었습니다. 어릴 적부터 현대식 교육을 받으

비운의 운명을 살다 간 릴리우오칼라니 여왕

며 서방 세계를 두루 여행하며 견문을 넓혔던 여왕은 미국의 속셈을 누구보다 잘 알고 있었습니다. 여왕은 즉위하자마자 미국과 맺은 진주만을 양도하는 불평등 조약을 파기하고 외국인의 농지 소유 제한법을 제정하려고 했습니다. 그동안 미국 자본가들이 하와이의 옥토 대부분을 차지하며 외국인 노동자를 불러들인 탓에 원주민의 입지가 크게 위축되었기 때문입니다.

여왕은 모든 산업을 국유화해 하와이가 더는 외세에 끌려 다니지 않고 원주민의 권리를 강화하는 방향으로 헌법을 개정하려고 했습니다. 여왕이 추진하고자 한 개혁 정책은 어엿한 주권 국가로서 당연한 것이었습니다.

1893년 미국인 농장주들은 여왕의 개혁 정책에 불만을 품고 미국

의 후원을 받아 사병을 동원해 여왕 체포 작전에 나섰습니다. 여왕 지지 세력의 강력한 저항에 반란군은 잠시 위기를 맞기도 했습니다. 하지만 진주만에 정박 중이던 미국 군함의 함포 사격으로 왕실 근위대를 제압했습니다.

미국인 농장주들은 여왕을 왕궁에 가두고 자신들의 뜻대로 하와이를 통치하다가 1894년 7월 허울뿐인 여왕을 아예 강제 퇴위시켰습니다. 이후에도 여왕은 자유의 몸이 되지 못했습니다. 미국인 농장주들은 여왕이 복위를 꾀할까 봐 두려워 그녀를 왕궁에 감금했습니다. 1917년 릴리우오칼라니 여왕은 그녀의 오빠처럼 이올라니 궁전에서 쓸쓸히 눈을 감았습니다.

미국의 하와이 병합 야욕에 격렬히 저항하던 여왕이 세상을 떠나자 모든 원주민이 슬퍼하며 그녀를 기리기 위해 그녀가 만든 노래 '알로하 오에Aloha Oe'를 불렀습니다. 음악적 감수성이 뛰어났던 여왕은 많은 노래를 남겼습니다. 그중에서도 '알로하 오에'는 공주 시절에 이별하는 연인을 보고 영감을 받아 직접 작사와 작곡을 한 노래입니다. 하와이어로 알로하 오에는

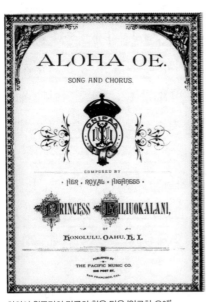

하와이 원주민의 망국의 한을 담은 '알로하 오에'

'안녕, 그대여'라는 뜻으로 가사가 마치 망국의 설움을 담고 있는 듯 구슬픕니다.

검은 구름 하늘을 가리고 이별의 날이 왔도다.
다시 만날 날 기대하고 서로 작별하여 떠나가리.
알로하 오에, 알로하 오에. 꽃피는 시절에 다시 만나리.

이 노래는 하와이의 노래 중에서 가장 유명한 작품이면서도 왕국 멸망의 비극을 담은 민요로 오늘날에도 원주민 사이에서 널리 불리고 있습니다. 뿐만 아니라 전 세계에서도 애창되고 있습니다.

여왕을 몰아내고 권력을 잡은 돌 가문

1893년 왕정 타도를 주도한 사람은 샌퍼드 돌 Sanford Dole 이었습니다. 그는 미국인 선교사의 아들로 하와이에서 태어나 성장한 백인 정치가였습니다. 반란 이듬해인 1894년 7월 샌퍼드 돌은 릴리우오칼라니 여왕을 권좌에서 몰아내고 하와이를 미국처럼 공화국으로 바꾼 뒤 스스로 초대 대통령이 되었습니다.

반란 직후 여왕은 미국의 그로버 클리블랜드 Grover Cleveland * 대통령에게 사신을 보내 자신의 복위를 간절히 호소했습니다. 대통령은 복

---

* 미국 제22대 및 제24대 대통령

위를 추진했지만 샌퍼드 돌의 거부로 모든 일이 허사로 돌아갔습니다. 이 사건을 계기로 여왕은 연금 상태가 되었습니다.

1898년 샌퍼드 돌은 워싱턴으로 달려가 미국이 하와이를 합병할 것을 강력하게 요청했습니다. 미국도 마치 기다렸다는 듯이 합병을 승인하고 1900년에는 하와이를 준주準州로 승격했습니다. 샌퍼드 돌은 하와이 준주의 초대 총독이 되어 죽는 순간까지 오직 미국을 위해 살았습니다. 그와 함께 그의 사촌인 제임스 돌James Dole 역시 하와이에 큰 영향을 미쳤습니다.

미국에 살던 제임스 돌은 사촌이 하와이에서 정치적으로 크게 성공하자 파인애플 농장을 만들어 한몫 잡기 위해 1,000달러를 가지고 하와이로 건너왔습니다. 당시 수많은 미국인이 파인애플 재배에 도전했지만 번번이 실패했기 때문에 만약 파인애플 재배에 성공한다면

파인애플 재배를 위해
하와이로 이주한
제임스 돌

큰돈을 벌 수 있었습니다.

하버드 대학 원예학과를 졸
업한 제임스 돌은 과일 재배
에 남다른 전문 지식을 활용
해 하와이 제도에서 3번째로

세계적인 청과 회사로 성장한 돌

큰 오아후_{Oahu}섬 북부에서 파인애플 재배에 도전했습니다. 수많은 실
패 끝에 파인애플 재배에 성공한 제임스 돌은 1901년 자신의 이름을
딴 과일 유통 회사를 설립하고 본격적으로 파인애플 재배에 나섰습
니다. 그는 샌퍼드 돌의 전폭적인 후원을 받으며 빠르게 사업을 넓혀
나갔습니다.

제임스 돌은 1911년 분당 파인애플 100개를 처리할 수 있는 기계
를 도입하면서 획기적인 계기를 마련했습니다. 그가 개발한 기계는
파인애플 껍질을 초고속으로 벗기고 단단해서 먹을 수 없는 파인애
플 속을 도려내는 장비입니다. 그는 새로운 기계로 사람보다 훨씬 빠
른 속도로 파인애플 캔을 만들어 원가 절감에도 성공했습니다. 파인
애플 사업은 성장을 거듭해 1930년대에 세계 파인애플 시장을 완전
히 석권하게 됩니다.

시간이 흐를수록 제임스 돌은 '파인애플의 황제'라는 별칭을 얻을
만큼 하와이를 기반으로 크게 성공했습니다. 돌_{Dole}이라는 회사는 오
늘날에도 세계 과일 시장을 주름잡고 있습니다.

미국의 50번째 별이 된 하와이

1900년 하와이가 미국의 준주가 된 이후 더 많은 미국 사람이 하와이로 건너왔습니다. 원주민은 갈수록 줄어들어 이제 소수 민족으로 전락했습니다. 이는 통계에도 잘 나타나 있습니다. 1850년대에 95% 이상이었던 원주민의 비율이 1900년에는 15% 이하로 낮아진 것으로 집계되었습니다. 소수 민족이 된 원주민은 이주민의 갖은 멸시와 무시를 당하며 정치, 경제, 교육 등 모든 분야에서 철저히 소외되었습니다.

결국 원주민은 이주민의 탄압을 피해 산속으로 들어가 토란 농사를 지으며 간신히 생계를 꾸려 갔습니다. 반면 하와이를 손에 넣은 미국은 드넓은 태평양의 맹주로 떠올랐습니다.

1959년 8월 21일 하와이는 미국의 50번째 주로 승격되면서 성조기의 50번째 별이 되었습니다. 대체로 어느 한 나라가 다른 나라에 편입될 때 식민지의 국민은 슬픔을 이기지 못해 목 놓아 우는 경우가 대부분이지만 하와이는 예외였습니다. 하와이에는 백인과 일본인의 비율이 60% 이상 되었기 때문에 편입 발표 이후 거리는 축제의 물결로 뒤덮였습니다. 미국의 정식 주가 되면 참정권을 얻어 선거에도 참여할 수 있고, 본토 사람이 누리는 모든 혜택을 동등하게 누릴 수 있기 때문입니다.

경제 대국이 되어 다시 하와이를 찾은 일본

일본과 하와이는 깊고도 질긴 역사를 갖고 있습니다. 19세기 후반 농장 노동자로 들어온 일본인 중 상당수가 하와이에 뿌리내려 지금도 하와이에는 많은 일본인이 살고 있습니다. 1941년 12월 일본군이 하와이 진주만을 초토화하면서 태평양의 아름다운 섬 하와이에 큰 위기가 닥치기도 했습니다. 당시 하와이에 거주하던 일본인은 역적 취급을 받으며 궁지에 몰리기도 했지만 탄탄한 입지를 구축하고 있던 일본인은 고난을 견뎌 냈습니다.

제2차 세계대전 이후 일본이 패전의 상처를 딛고 고도성장을 지속

진주만을 초토화한 일본군

하자 경제적으로 여유로워진 일본인은 관광객으로 하와이를 다시 찾았습니다. 1980년대 일본은 제조업을 통해 미국을 위협할 만큼 강력한 경제 강국으로 거듭났습니다. 최고의 품질과 합리적인 가격을 지닌 일본 제품이 세계를 석권하면서 일본은 해마다 천문학적인 수치의 무역 흑자를 기록했습니다. 일본인은 넘쳐 나는 달러로 하와이의 호텔, 빌딩 등 부동산을 사들이기 시작했습니다. 일본의 부동산 기업은 하와이 해변의 땅을 매입해 호텔을 지었고 호텔마다 일본인 관광객으로 넘쳐났습니다.

하와이 경제는 일본인 관광객이 쓰고 가는 달러 덕분에 급성장을 했고, 관광 산업과 관련된 일자리 수만 개가 창출되었습니다. 겉으로만 보면 하와이가 일본 땅인지 미국 땅인지 구분되지 않을 정도로 일본의 영향력은 막강했습니다. 그러나 일본인 관광객 증가는 적지 않은 부작용을 낳았습니다. 해마다 200만 명 넘게 밀려오는 일본인 관광객을 상대로 현지인들은 편하게 돈을 벌었기 때문에 더는 사탕수수, 파인애플 재배 같은 힘든 일을 하려고 하지 않았습니다.

사탕수수 농장에 초대형 리조트가 들어서면서 땀 흘려 일하는 사람을 보기 어려워졌습니다. 하와이가 관광지로 명성을 떨치면서 물가 또한 가파르게 올라갔습니다. 물가가 지속적으로 오르자 서민의 생계는 갈수록 팍팍해졌습니다. 1990년대 이후 일본 경제가 몰락하기 시작하면서 하와이 경제도 함께 침체기를 맞았습니다. 하와이 최대의 달러 수입원이었던 일본인 관광객 감소는 곧바로 경기 침체를 불러와 한동안 하와이 경제는 암흑 속을 지나야 했습니다.

바다를 떠다니는 거대한 쓰레기, 플라스틱 섬

인류가 만들어 낸 화학 물질 중 플라스틱만큼 광범위하게 활용되는 것도 드뭅니다. 플라스틱은 가공하기 쉽고 가격이 저렴해 포장 용기로 더할 나위 없이 좋습니다. 또한 일회용 수저, 그릇, 포크, 생수병 등 많은 용도로 활용되고 있습니다.

요즘 사람들은 1인당 연간 42kg이나 되는 많은 플라스틱을 소비하는데 플라스틱이 주는 편리함의 이면에는 환경 오염이라는 치명적인 문제점이 숨어 있습니다. 제품 포장에 사용된 플라스틱은 포장을 뜯는 즉시 생활 쓰레기가 됩니다. 동물이나 식물은 죽은 뒤 미생물에 의해 분해되어 자연으로 돌아가지만 화학 합성물인 플라스틱은 분해되지 않습니다. 따라서 쓰레기가 된 플라스틱은 썩지 않은 채 지구상에 그대로 남아 있습니다. 사람들이 한 번 쓰고 버리는 플라스틱은

해안으로 밀려온 플라스틱 쓰레기

연간 3억t이나 되며 지구상에 반영구적으로 남아 환경을 파괴하게 됩니다.

1986년 화물선 한 척이 미국을 떠나 바하마로 향했습니다. 이 화물선에는 쓰레기 매립지 용량 초과로 처리하지 못한 플라스틱 쓰레기 1만 5000t이 있었는데 돈을 주고 바하마에 쓰레기를 버리려고 했지만 거절당했습니다. 이후 11개국을 돌아다니면서 쓰레기를 버리려고 했지만 모두 실패했습니다.

플라스틱 쓰레기를 버릴 곳을 찾지 못한 화물선 선장은 미국으로 돌아오는 도중 하와이 인근의 태평양 바다에 무단으로 쓰레기를 버리는 비양심적 행동을 저질렀습니다. 해상에 무단으로 버린 플라스틱 쓰레기는 잘게 부서져 해양 생명체를 괴롭혔습니다. 바닷새가 플라스틱 조각을 먹이로 착각해 집어삼켰습니다. 배 속이 플라스틱으로 가득 찬 바닷새는 포만감을 느껴 식욕을 잃어버리게 되고 결국 굶어 죽게 됩니다.

하와이 앞바다에 죽은 바닷새가 계속 떠밀려 오자 이를 이상하게 여긴 학자들이 바닷새의 배를 열어 보았는데 배 안이 플라스틱 쓰레기 조각으로 꽉 차 있었습니다. 바닷새뿐 아니라 바닷물고기, 바다표범, 바다거북 등 바다가 삶의 터전인 모든 해양 생물이 플라스틱 쓰레기를 먹고 고통스러워했습니다. 죽은 바다표범의 배 속에서는 병뚜껑, 일회용 라이터, 비닐봉지 등 온갖 생활 쓰레기가 발견되어 해상에 많은 종류의 쓰레기가 떠다닌다는 사실을 확인할 수 있었습니다.

2009년 미국 해양학자들은 하와이 북쪽 태평양 바다에 떠다니는 플라스틱 쓰레기의 크기가 대한민국의 14배에 이를 정도로 광대하다는 사실을 밝혀냈습니다. 하와이 북쪽 바다를 맴돌고 있는 플라스틱 쓰레기 더미를 두고 학자들은 '플라스틱 섬'이라고 부르고 있습니다.

하와이 인근 해역에서 플라스틱 쓰레기가 생태계를 파괴하자 하와이의 사회적 기업은 플라스틱 쓰레기를 재활용하는 방법을 찾아냈습니다. 플라스틱 쓰레기를 잘게 분쇄한 뒤 압축해 벽돌로 만들어 건축 자재로 활용하는 방법이었습니다. 플라스틱 벽돌은 가볍고 방수가 되며 쉽게 부식되지 않기 때문에 콘크리트 벽돌보다 뛰어난 면이 있습니다. 그러나 '플라스틱 섬'이 만들어 내는 환경 문제를 해결하기 위해서는 국제적인 관리가 필요한 것이 사실입니다.

아직도 계속되고 있는 하와이 독립의 꿈

하와이는 미국 내에서 인종 차별이 가장 적은 지역입니다. 미국의 주류 집단인 백인이 하와이에서는 소수 민족이기 때문입니다. 하와이 인구에서 백인이 차지하는 비율은 25% 정도로 40%가 넘는 아시아계에 비해 적습니다. 하와이에서는 백인이 힘을 못 쓰는 만큼 모든 인종이 기를 펴고 살 수 있는 환경이지만 원주민은 예외입니다. 신규 이민자가 워낙 많다 보니 오늘날 하와이 원주민이 전체 인구에서 차지하는 비중은 대략 10%에도 미치지 못하고 있습니다.

일본인을 비롯한 아시아계가 하와이의 경제권을 쥐고 있기 때문에 원주민은 사회 하층민으로 곤궁한 삶을 살고 있습니다. 외국인 관광

하와이의 주인으로 대접받지 못하는 폴리네시아계 원주민

객을 대상으로 전통 춤과 노래를 선보이면서 근근이 살아가는 원주민을 어떤 민족도 하와이의 주인으로 대우하지 않습니다.

미국에 나라를 빼앗긴 지 100년이 훨씬 넘었지만 원주민은 아직도 독립을 부르짖고 있습니다. 그들은 기회가 될 때마다 미국에 독립을 요구하는 청원을 했지만 번번이 무시당했습니다. 하와이 왕정 몰락 100년 만인 1993년 미국 의회는 빌 클린턴 대통령의 요구를 받아들여 '미국 의회는 전 국민을 대신해 1893년 미국인이 하와이 왕조를 무너뜨리고 주권을 강제로 빼앗은 잘못된 행동을 하와이 원주민에게 진심으로 사과드립니다.'라는 의회 결의문을 발표했습니다. 일종의 반성문이었던 의회 결의안은 과거 미국 정부와 미국인이 하와이에서 저지른 만행에 대한 사과였습니다.

하지만 미국 정부는 사과만 했을 뿐 하와이를 다시 원주민에게 돌려주려 하지 않았습니다. 일 년 내내 뜨거운 햇살과 푸른 바다가 있는 하와이는 일상에서 벗어나 휴가를 만끽 수 있는 낙원입니다. 또한 예나 지금이나 미국의 해외 진출을 위한 중요한 군사 거점입니다. 하루가 다르게 성장하는 중국의 태평양 진출을 막고 유사시 신속하게 아시아로 군대를 보내려면 하와이보다 더 좋은 곳은 없습니다. 환상적인 관광지이자 군사적 요충지인 하와이는 앞으로도 큰 이변이 없는 한 미국 영토로 남게 될 것입니다.

★

미국에서 가장 물가가 비싼 하와이

하와이는 미국의 50번째 주이지만 본토와는 거리가 많이 떨어져 있는 섬이다. 인구는 150만 명에 달하며 해마다 외부에서 많은 사람이 이주해 오기 때문에 땅이 절대적으로 부족하다. 토지 부족은 곧바로 집값 상승으로 이어져 하와이의 집값은 방 두 칸짜리 허름한 아파트도 월세가 200만 원을 넘을 정도이다. 이는 세계 경제의 심장이자 미국에서 최고로 물가가 비싼 뉴욕의 맨해튼에 버금갈 정도다. 게다가 해마다 6월에서 8월 사이 휴가철이 되면 미국을 비롯한 전 세계에서 관광객이나 어학 연수생, 유학생이 몰려오기 때문에 집값은 더욱 가파른 속도로 올라간다. 관광객이 머무는 호텔은 객실이 꽉 차고, 어학 연수생이나 유학생이 사용하는 원룸이나 아파트 역시 급증하는 수요를 감당하지 못해 임대료가 큰 폭으로 오른다.

하와이는 집값만 비싼 것이 아니라 전기, 수도 사용료, 인터넷 요금 등 각종 공공요금도 미국에서 둘째가라면 서러워할 정도로 비싸다. 일 년 내내 날씨가 후덥지근해 에어컨이 필수이지만 비싼 전기 요금 때문에 경제적으로 어려운 사람들은 마음껏 에어컨을 사용할 수 없다. 하와이는 관광으로 먹고살기 때문에 생활필수품을 생산하는 공장이 거의 없어 대부분 제품을 본토에서 들여와야 한다. 그리고 이때 발생하는 운송 비용은 고스란히 물가에 반영된다.

하와이에 들어오는 외국인 관광객은 대부분 경제적으로 여유로운 사람들이기 때문에 휴양지의 비싼 물가에 크게 개의치 않는다. 하지만 평생 살아야 하는 주민의 경우는 다르다. 비싼 물가만큼 충분한 임금을 받아야 하지만 일자리는 관광 가이드, 호텔 직원, 기념품 판매점 등 관광객을 상대로 한 단순 노무직이 대부분이다. 이런 부류의 일자리는 언제라도 다른 사람으로 대체할 수 있기 때문에 높은 임금을 받기 어렵다. 이로 인해 하와이는 미국에서 평균 임금이 낮은 주에 속한다. 저임금 단순 노동으로는 생활비를 도저히 감당할 수 없어 맞벌이를 하거나 두 가지 직업을 갖고 밤낮으로 일해야 한다. 삶이 고되다 보니 주 정부에 대책을 요구하는 목소리가 끊이지 않지만 뾰족한 대책이 있을 리 만무하다.

하와이는 눈부실 정도로 아름다운 자연환경에 날씨가 춥지 않아 본토의 은퇴자가 여생을 보내고 싶어하는 선망의 대상이다. 실제로 많은 노인이 해마다 하와이로 유입된다. 그러나 감당할 수 없는 높은 물가 때문에 하와이에 정착한 은퇴자가 얼마 버티지 못하고 본토로 돌아가는 경우가 많다. 이와 같이 하와이는 외국인 관광객에게는 평생토록 기억에 남을 멋진 휴양지일지 모르지만 정작 주민들에게는 살기에 만만치 않은 곳이다.

5장

평화와 나눔, 낭만의 도시

샌프란시스코

금광의 발견으로 빠르게 성장한 샌프란시스코

샌프란시스코는 미국의 여느 도시와 다르게 영국계 청교도가 아닌 18세기 후반 스페인 선교사가 개척한 서부 도시입니다. 당시만 하더라도 사람이 많이 모여 사는 동부에서 서부를 잇는 대륙 횡단 철도가 없었기 때문에 샌프란시스코에 사람이 몰리지 않아 개발이 더디게 진행되었습니다. 샌프란시스코는 인구가 수백 명 수준에 지나지 않

골드러시로 크게 성장한 샌프란시스코

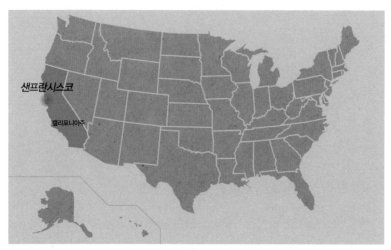

골드러시로 서부 최대 도시로 성장한 샌프란시스코의 위치

던 시골 마을이었습니다.

동부에서 서부를 육로로 가려면 수개월이 소요될 뿐 아니라 호전적인 인디언의 땅을 지나야 했기 때문에 이는 위험한 여정이었습니다. 따라서 동부에 사는 사람이 서부에 가는 일은 거의 없었습니다. 설령 가더라도 샌프란시스코로 가기 위해 육로가 아닌 바닷길을 이용하는 경우가 많았습니다.

바닷길 역시 멀고 험난하기는 마찬가지여서 여행객은 동부에서 출발한 배가 남아메리카 대륙 끝자락을 돌아 서부로 향하는 1년 가까이 걸리는 항해를 감수해야 했습니다. 이처럼 서부로 가는 길이 험난하다 보니 샌프란시스코는 초기 정착민들에게는 관심 밖이었습니다.

19세기 중반 샌프란시스코를 비롯한 인근 지역에서 대규모 금광이 발견되자 샌프란시스코의 운명은 순식간에 바뀌었습니다. 황금에 대한 인간의 무한한 욕망은 죽음에 대한 두려움조차 잊게 했습니다. 미국을 비롯한 전 세계 사람들은 금광만 발견하면 단번에 부자가 될 수 있다는 환상을 품고 무작정 샌프란시스코로 몰려들었습니다. 많은 사람이 황금을 찾아 서부로 몰려들자 한적한 시골 마을에 지나지 않았던 샌프란시스코는 서부 최대의 도시로 성장했습니다.

순식간에 도시를 파괴한 샌프란시스코 대지진

1906년 4월 18일 이른 새벽 샌프란시스코에 살던 개들이 괴성을 지르기 시작했습니다. 잔뜩 겁에 질린 개들은 평소와 달리 이리저리 날뛰며 불안감을 감추지 못했습니다. 그리고 오전 5시 12분, 진도 8 정도의 초강력 지진이 샌프란시스코의 지축을 흔들었습니다. 지진이

1분 만에 도시를 파괴한 1906년 샌프란시스코 대지진

지속된 시간은 길게 잡아도 1분밖에 되지 않았지만 도시 전체에 엄청난 피해를 안겨 주었습니다.

건물 2만 8,000채가 파괴되어 주민의 절반 이상이 이재민이 되었고 목숨을 잃은 사람도 3,000명이나 되었습니다. 도시의 98%가 지진의 피해를 입었습니다. 무너진 건물에 깔려 죽은 사람을 쉽게 발견할 수 있었고 부상으로 고통에 신음하며 도움의 손길을 요청하는 사람은 수없이 많았습니다.

도시 전체가 쑥대밭이 될 정도로 큰 피해를 입은 이유 중 하나가 샌프란시스코 행정 당국의 무능이었습니다. 샌프란시스코를 비롯한 서부는 환태평양 조산대*에 속해 있어 평소에도 지진이 빈번히 일어나는 지역입니다. 같은 환태평양 조산대에 속한 일본은 지진의 피해를 최소화하기 위해 오래전부터 끊임없는 노력을 했습니다. 1880년대에 들어서는 전국에 지진계를 설치하는 등 지진에 대비하기 위한 다양한 방법을 실천에 옮겼습니다.

반면, 샌프란시스코 행정 당국의 지진에 대한 대비는 허술하기 짝이 없었습니다. 대지진이 발생하기 이전부터 많은 학자가 향후 발생할지 모를 대규모 지진에 대비해야 한다고 소리 높여 말했지만 귀를 기울이지 않았습니다. 지진에 대비하기 위해 한 일이라고는 대지진이 발생하기 2년 전인 1904년 일본이 개발한 지진계를 수입하려고

---

* 태평양을 둘러싸고 고생대 말기에서 지금까지 조산 운동(산맥을 형성하는 지각 변동)을 거듭하고 있는 지대

한 일밖에 없습니다. 그러나 이마저도 가격이 비싸다고 들여오지 않아 당시 발생한 지진의 정확한 강도는 지금도 알 수 없습니다.

만약 행정 당국이 철저한 지진 예보 시스템을 갖추고, 건물을 지으려는 사람에게 지진에 견딜 수 있는 내진 설계를 강제했다면 큰 피해를 줄일 수 있었습니다.

대지진이 발생하자 땅속에 매설해 두었던 가스관이 터지면서 사태는 걷잡을 수 없이 커졌습니다. 치솟은 가스에 불이 붙자 도시 전체가 화염에 휩싸여 잿더미로 변했습니다.

설상가상으로 수도관이 파열되면서 화재를 진압할 물마저 구할 수 없어 소방관들은 불길을 속수무책으로 바라만 보아야 했습니다. 지진보다 더 무서운 화재는 사흘 동안 계속되었는데 때마침 비가 내리면서 불길이 잦아들었습니다. 지진에 이어 화재가 발생하자 공무원들은 어찌할 바를 모르고 우왕좌왕했습니다. 이에 연방 정부는 샌프란시스코에 군대를 보내 사태를 해결하고자 했습니다.

당시 군대를 이끌고 샌프란시스코로 들어간 지휘관은 프레데릭 펀스턴Frederick Funston이었습니다. 펀스턴 장군이 샌프란시스코에서 벌인 일은 지금까지도 비난과 칭찬이 이어질 정도로 끊

민간인 학살로 악명을 얻은 프레데릭 펀스턴 장군

임없는 논란의 대상이 되고 있습니다.

지진과 화재의 여파로 가게마저 문을 닫자 생활필수품이 부족해진 주민들은 필요한 것을 구하기 위해 거리를 배회하고 다녔습니다. 주민들은 때로는 파괴된 가게에 들어가 물건을 들고 나왔습니다. 그런데 펀스턴 장군은 이들에게 발포 명령을 내렸습니다.

펀스턴은 군대를 동원해 화재 진압에 나서는 과정에서 민간인에게도 노역을 강제했습니다. 만약 누구라도 군인이 요구하는 노역에 협조하지 않을 경우 가차 없이 총살형에 처했습니다. 펀스턴이 죽인 민간인은 학자의 견해에 따라 다르지만 최소 50명에서 최대 500명에 이릅니다. 이처럼 민간인 희생자 수가 큰 차이를 보이는 것은 살해 현장에서 범죄에 대한 완벽한 증거 인멸을 했기 때문입니다. 군인은 민간인을 사살한 뒤 시체를 불타고 있는 건물 속에 던지거나 상어가 득실대는 샌프란시스코 앞바다에 버려 시신의 흔적조차 찾을 수 없도록 했습니다.

펀스턴 장군은 샌프란시스코 주민을 적군 대하듯이 거칠게 다루었습니다. 이에 많은 사람이 지금까지도 그의 과잉 대응 문제를 지적하고 있지만 그를 지지하는 사람도 적지 않습니다. 그를 지지하는 사람은 만약 펀스턴 장군이 강력한 철권통치를 펼치지 않았더라면 치안이 붕괴돼 도시는 지옥이나 다를 것 없는 범죄 천국이 되었을 것이라고 생각합니다. 펀스턴 장군의 본심이 어떠했든지 간에 그가 무고한 시민을 죽인 일은 씻을 수 없는 과실로 두고두고 사람들의 입에 오르내리고 있습니다.

샌프란시스코 대지진 당시 공무원의 무능과 군인의 과잉 대응이 큰 물의를 빚었지만 시민들은 놀라울 정도로 성숙한 대처 자세를 보였습니다. 약탈에 나선 일부 몰지각한 사람을 제외한 시민 대부분은 다른 사람을 돕기 위해 발 벗고 나섰습니다. 집을 잃고 길거리에 나앉은 이재민을 위해 기꺼이 방을 내주었고, 빵 한 쪽이라도 남는 것이 있다면 굶주리는 사람에게 나누어 주었습니다. 이는 기업도 마찬가지였는데 자사 제품을 주민에게 무상으로 내놓기도 했습니다.

시간이 지나면서 대지진이 남긴 상처는 회복되었지만 샌프란시스코는 서부 최대의 도시라는 명성을 이웃한 로스앤젤레스에 내주어야 했습니다. 그동안 샌프란시스코는 서부의 중심지이자 태평양으로 뻗어 가는 관문 역할을 해 왔는데 지진으로 모든 것이 파괴되면서 그 역할 또한 로스앤젤레스에 내주어야 했습니다.

샌프란시스코의 상징이자 미국의 자랑인 금문교

서부로 건너온 사람들은 황금을 찾아 샌프란시스코 북쪽 바다 건너 맞은편에 있는 마린 카운티까지 진출했습니다. 마린 카운티에서 채굴한 금을 실은 배가 샌프란시스코와 마린 카운티 사이의 해협을 들락거렸는데, 이로 인해 두 지역 사이의 좁은 해협을 '골든게이트 Golden Gate'라고 불렀습니다.

시간이 흐를수록 골든게이트 해협을 두고 마주한 두 지역 간의 물동량이 급증하자 배를 이용하는 것보다 다리를 건설하는 것이 효율

미국 최고의 다리 설계자인
조셉 스트라우스

적이라는 의견이 끊임없이 제기되었습니다. 이때 등장한 사람이 조셉 스트라우스Joseph Strauss였습니다. 그는 교량 건설 분야에서 능력이 탁월한 건축가였습니다. 조셉 스트라우스는 대학원 논문으로 북아메리카 북서쪽 끝에 있는 알래스카와 러시아 사이의 베링 해협을 연결하는 89km 길이의 초대형 다리를 설계했을 정도로 교량 설계 분야에서 천재성을 드러냈습니다.

1921년 스트라우스는 골든게이트 해협을 지나는 다리를 구상해 정부에 제안했습니다. 하지만 실현 불가능하다는 이유로 퇴짜를 맞았습니다.

1929년 경제 대공황을 계기로 미국 경제가 극심한 침체에 빠지자 정부는 경기 부양책의 일환으로 골든게이트에 다리를 놓기로 했습니다. 다리의 이름은 금문교Golden Gate Bridge이고, 조셉 스트라우스가 설계를 담당했습니다.

1933년 조셉 스트라우스는 공사에 착수했지만 예상하지 못한 난관에 부딪혔습니다. 골든게이트 해협은 물살이 빠르고 수시로 짙은 안개가 끼며 수면 아래 지형이 복잡해 교량 건설이 거의 불가능할 지경이었습니다. 이러한 환경은 그동안 조셉 스트라우스를 제외한 모

당시 모든 첨단 기술이 집약된 금문교

든 건축가가 금문교 건설이 불가능하다고 주장한 이유이기도 합니다. 포기를 몰랐던 조셉 스트라우스는 당시 최첨단 기술이었지만 성공 확률이 낮았던 현수교 방식으로 금문교를 건설하는 모험을 감행했습니다.

현수교란 해협 한가운데에 거대한 주탑*을 높게 세운 뒤 주탑 꼭대기에서 케이블을 내려 교상**을 지탱하는 방식으로 만든 다리를 말합니다. 현수교를 만들기 위해서는 제일 먼저 주탑을 세워야 하는데, 물살이 워낙 빨라 만들기가 쉽지 않았습니다. 조셉 스트라우스는 간

---

* 현수교에서 주 케이블의 최고점을 지지하는 탑
** 다리의 차로, 즉 자동차나 사람이 다니는 길

신히 다리를 거의 완성했지만 갑자기 엄청난 태풍이 불어서 다리 전체가 물속으로 가라앉아 버렸습니다.

금문교 건설에 실패한 조셉 스트라우스는 더욱 튼튼하게 두 번째 다리를 건설했습니다. 하지만 두 번째 다리는 교상을 지탱하는 케이블이 불량품이었고, 불량 케이블이 그 무게를 견디지 못하고 끊어져 또다시 물속에 처박혔습니다. 지금의 금문교는 1937년 세 번의 시도 끝에 성공한 다리입니다.

정부는 금문교가 완성된 이후에도 물속에 잠겨 있는 실패한 다리 두 개를 철거하지 않고 그냥 두기로 했습니다. 실패의 원인을 교훈으로 삼으려는 의도였습니다. 완성된 금문교는 지구상의 어떤 다리와도 비교가 되지 않는 압도적인 위용을 드러냈습니다. 주탑의 높이는 227m이고, 제작을 위해 2만 2,000t에 이르는 철강재가 사용되었습니다. 안개가 끼더라도 다리가 잘 보이도록 주황색으로 다리를 칠했는데 노을이 지는 석양 무렵에는 금색으로 보여 금문교라는 이름과 잘 어울립니다. 금문교는 주변에 안개가 피어날 때마다 마치 하늘에 떠 있는 것 같은 몽환적인 분위기를 풍겨 보는 이들의 감탄을 자아냅니다. 소금기 많은 바닷바람에 철골이 부식되는 것을 막기 위해 페인트공 50명이 1년 내내 페인트칠을 하고 있습니다.

현대식 교량 건설의 금자탑이 된 금문교는 '최고의 자살지'로 유명해졌습니다. 자살을 생각하는 사람이 2주에 한 명꼴로 금문교에서 몸을 던지는 바람에 정부는 대책 마련에 고심했습니다. 높이가 75m인

금문교에서 사람이 뛰어내리면 물에 닿는 순간 큰 충격을 받아 갈비뼈가 부러지고 폐나 심장 같은 내부 장기가 찢어지면서 사망하게 됩니다. 1937년 금문교가 개통된 이후 무려 1,600명 넘는 사람이 이 다리에서 뛰어내려 '자살교'라는 불명예를 얻었지만 시 당국은 자살 방지용 철망을 설치하지 않았습니다. 샌프란시스코의 주요 관광지인 금문교는 해마다 수많은 관광객이 몰려드는 곳인데 세상에서 가장 아름다운 다리에 철망을 설치하면 미관상 좋지 않다는 것이 관리 당국의 입장이었습니다.

하지만 미국의 인권 단체를 중심으로 많은 사람이 "돈보다는 사람의 목숨이 중요하다."라며 철망의 설치를 강력히 요구했고 2014년 6월이 되어서야 비로소 철망이 설치되었습니다. 사실 금문교에 자살 방지용 철망을 더 일찍 설치하는 것이 옳았다는 주장이 많습니다. 금문교에서 뛰어내리기 직전에 주변 사람의 제지로 투신하지 못한 사람의 94%가 자연사했다는 통계가 오래전에 발표되었지만 시 당국은 돈 때문에 사람들의 요구를 무시했습니다. 자살 방지용 철망 설치 뒤 금문교에서 투신하는 사람이 급격히 줄어들며 금문교는 '자살 명소'라는 오명에서 벗어났습니다.

자유분방한 히피 문화의 중심지, 샌프란시스코

1950년대 미국은 역사상 최고의 번영기를 누렸습니다. 제2차 세계 대전을 계기로 세계 최강국의 지위에 오른 미국에게 거칠 것은 없었습니다. 평균적인 미국인은 잔디 정원이 딸린 멋진 주택에 살면서 집집마다 자가용을 1~2대씩 소유하고 있었고 냉장고 안에는 먹을 것이 가득했습니다. 인류가 지구에 등장한 이래 1950년대 미국 사람만큼 물질적인 풍요를 누린 사람들이 없을 정도입니다.

하지만 물질적 풍요가 정신적인 행복까지 가져다주지는 못했습니다. 미국에 버금가는 초강대국으로 부상한 소련과 극한 대립이 시작되면서 미국 국민은 소련의 핵 공격을 두려워했습니다. 학교는 소련의 핵 공격을 받았을 경우를 가정해 학생들에게 대피 요령을 가르쳤고, 집집마다 방독면을 비치했습니다. 사회주의 종주국 소련과의 대치 상태는 미국을 전쟁이라는 깊은 수렁으로 몰아넣었는데 1950년에 일어난 한국 전쟁이 그 시작이었습니다. 1960년대 들어 미국 정

1950년대 물질적 풍요가 넘쳐 난 미국 사회

평화와 자유를 꿈꾼 히피

부가 사회주의 확산을 막기 위해 베트남 전쟁에 발을 내딛기 시작하면서 젊은 세대의 격렬한 저항에 부딪혔습니다.

미국의 젊은이들은 기성세대가 벌인 전쟁의 희생양이 되어 자신과 아무런 상관도 없는 나라에서 죽음을 맞이하는 것을 도저히 용납할수 없었습니다. 이들은 정부의 잘못된 행동을 바로잡기 위해 반전 평화를 위한 시위를 하고 청원도 했습니다. 하지만 기성세대는 이들의 요구를 들어주기는커녕 무장 경찰을 동원해 몽둥이로 시위를 진압하기에 급급했습니다. 이에 미국 전역에서 반정부 시위가 잇따르며 미국 사회는 건국 이래 최대의 사회 혼란에 휩싸였습니다. 바로 이때 히피Hippie가 등장해 미국 역사의 한 페이지를 장식했습니다.

히피는 기성세대가 중시한 기독교 중심, 물질적 풍요 등 미국 위주의 가치관에서 벗어나 다양성 인정, 자연 보호, 반전 평화 등 정신적 가치를 추구했습니다. 새로운 사상에 빠져든 젊은이들은 미국에서

가장 자유로운 도시인 샌프란시스코로 몰려들기 시작했습니다. 이곳
에서 히피족은 물질을 소유하려는 욕심에서 벗어나 자유를 얻기 위
해 최소한의 소비 생활을 했습니다. 경제적 여유가 있는 히피는 무료
가게나 급식소를 열어 사람들에게 필요한 것을 공급해 주었습니다.
눈코 뜰 사이 없이 바쁜 현대인의 삶을 거부한 이들은 자연 속에서 인
도식 명상을 하며 삶의 의미를 생각하는 데 많은 시간을 보냈습니다.

　이처럼 히피족은 물질적 풍요를 최고의 미덕으로 간주하는 미국
사회의 전통에 반기를 드는 저항 세력으로 시간이 흐를수록 많은 동
조자가 모이게 되었습니다. 1967년 여름 전국의 히피가 한자리에 모
이는 '사랑의 여름 Summer of Love'이라는 행사가 샌프란시스코에서 열렸
습니다. 미국 전역에서 10만 명이 넘는 히피족이 행사에 참여하기 위
해 샌프란시스코로 몰려들었습니다. 한곳에 모인 히피들은 사랑과

샌프란시스코에서 열린 '사랑의 여름' 행사에 몰려든 히피

평화를 외치며 인간은 정부의 간섭과 전쟁 없이 행복하게 살 수 있음을 보여 주고자 했습니다. 이들은 작은 텐트에서 살면서 함께 노래를 부르고 춤을 추며 시를 읊조렸습니다.

히피족의 생활이 언론을 통해 미국 전역에 알려지자 더욱 많은 사람이 샌프란시스코로 모여들었습니다. 이 당시 가수 스콧 맥켄지Scott McKenzie가 히피족을 주제로 '샌프란시스코'라는 노래를 불렀는데 이 노래가 큰 인기를 얻으면서 평범한 미국 사람도 히피 문화에 관심을 갖게 되었습니다.

노래의 가사를 보면 '샌프란시스코에 가신다면, 머리에 꽃을 다는 것을 잊지 마세요. 샌프란시스코에 가신다면, 상냥한 사람들을 만날 거예요. 샌프란시스코의 거리에는 머리에 꽃을 단 사람들로 가득할 거예요. 새로운 생각을 가지고 행동하는 사람들이 샌프란시스코

군인에게 꽃을 주며 전쟁 대신 평화를 요구하는 히피

에 있어요.'라는 내용이 등장하는데 이는 히피족을 잘 표현하고 있습니다. 이 노래가 큰 인기를 얻자 샌프란시스코를 방문하는 관광객 중 많은 사람이 머리에 꽃을 달았습니다.

당시 히피가 머리에 꽃을 달고 다녔던 이유는 멋을 내기 위해서가 아닙니다. 이는 새로운 미국 사회를 만들려는 히피 운동에 동참한다는 것을 의미했습니다.

1967년 여름을 뜨겁게 달구었던 히피족은 1960년대가 끝나면서 서서히 그 수가 줄어들었습니다. 이는 별다른 생각 없이 무작정 히피가 된 사람이 늘어나면서 불미스러운 사건이 끊이지 않았기 때문입니다.

자유와 방종을 구분하지 못한 히피족 젊은이들은 술과 마약의 유

자유를 뛰어넘는 방종으로
사람들의 미움을 받게 된
히피

혹에서 벗어나지 못했습니다. 마약 중독으로 목숨을 잃는 사람이 속출했고 약물에 중독된 히피들은 살인이나 강도 등 온갖 범죄를 저질러 국민의 분노를 샀습니다. 정부 역시 범죄를 저지르는 히피를 강력히 처벌하기 시작했습니다.

시간이 흐르자 히피족은 세상을 개혁하는 선구자가 아니라 퇴폐하기 그지없는 족속으로 취급받았습니다. 히피가 된다는 것 자체가 수치스러운 일이 되자 히피족은 1970년에 이르러서 미국 내에서 자취를 감추었습니다.

1960년대 후반 미국 사회를 뜨겁게 달구던 히피 운동은 실패로 돌아갔지만, 이는 샌프란시스코가 자유와 평화의 도시라는 이미지를 갖는 데 큰 기여를 했습니다.

샌프란시스코에 휘날린 무지개 깃발

인류의 등장과 함께 동성애의 역사도 시작되었지만 시대마다 다른 평가가 내려졌습니다. 고대 그리스나 로마 제국 초기에는 동성애자에 대한 차별이 거의 없었습니다. 하지만 4세기 로마 제국에서 기독교가 공인된 이후 동성애는 엄격히 금지되었습니다. 기독교가 모든 가치의 중심이었던 중세 시대의 동성애는 '죄악' 그 자체였습니다. 동성애자는 악마로 몰려 사형을 선고받았고, 영혼마저 없애기 위해 화형에 처했습니다. 15세기를 끝으로 중세 시대가 막을 내렸지만 동성애자는 환영받지 못했습니다.

1533년 영국 의회는 동성애를 사형에 해당하는 범죄로 규정했고, 미국 동부 13개 주도 1776년 독립 이전까지 동성애자를 사형에 처했습니다. 19세기 서구에서는 동성애를 정신 질환으로 간주해 동성애자는 뇌 전두엽 절제, 강제 거세, 자궁 적출을 당했습니다.

역사적으로 독재자들은 동성애를 더욱 혐오했습니다. 히틀러는 아리안계* 독일인이 전 세계를 지배하기를 원했고 적극적인 인구 증가 정책을 펼쳤습니다. 그는 자식을 많이 낳은 여성을 국가적 영웅으로 치켜세우며 많은 혜택을 몰아주었습니다. 반면, 아기를 낳을 수 없는 동성애자는 공공의 적이 되었습니다. 동성애를 국가 존립에 위협이 되는 범죄로 간주해 동성애자에 대한 대대적인 처형에 나섰습니다. 히틀러는 독일에서만 동성애자 5만 명을 생매장했고 점령국에서도 4만 명을 처형했습니다. 소련의 독재자 스탈린도 동성애자를 예외 없이 격리했습니다.

이처럼 제2차 세계대전 이전까지만 하더라도 동성애자는 범죄자나 정신병자로 간주되어 박해의 대상이 되었습니다. 하지만 1950년대 접어들면서 유럽을 중심으로 동성애자에 대한 차별을 금지하는 움직임이 일어났습니다.

1953년 유럽 국가들은 '유럽인권법안'을 마련해 '정부가 개인의 동성애 선택권을 빼앗을 수 없다.'라고 규정하며 사상 처음으로 동성애가 개인의 권리임을 밝혔습니다. 반면에 기독교의 영향력이 막강

---

* 인도·유럽 어족에 속하는 인종을 통틀어 이르는 말

한 미국에서는 동성애자에 대한 권리 보호가 상대적으로 뒤졌습니다. 1961년까지도 미국은 동성애를 범죄로 규정했습니다. 또한 1965년 미국 정신 의학회는 동성애자를 '성격 장애자'로 분류해 정신 장애인으로 취급했습니다. 이처럼 미국 전역에서 동성애자를 비정상적인 인간으로 몰아붙일 때도 샌프란시스코는 예외였습니다.

샌프란시스코는 제2차 세계대전 당시 태평양 전쟁에 참전한 군인들이 이용하는 항구였습니다. 수년 동안 전쟁터에 있던 군인 중 일부 동성애자는 극심한 차별을 우려해 종전 뒤에도 선뜻 고향으로 돌아가지 못했습니다. 결국, 동성애자들은 연중 기후가 맑고 온화하며 사생활에 대한 간섭이 덜한 샌프란시스코에 정착했습니다.

시간이 흐르면서 샌프란시스코에 정착하는 동성애자가 점점 늘어났습니다. 이에 비례해 그들의 목소리도 커졌습니다. 도시 전체 인구 중 15% 이상이 동성애자이다 보니 시의원, 판사, 경찰, 교사 등 모든 분야에 동성애자가 진출해 이성애자와 동등하게 살고 있습니다. 1999년 샌프란시스코는 미국 최초로 동성 결혼을 합법화했으며, 모든 공립 학교에서 동성애 역사에 관한 수업을 의무적으로 실시하고 있습니다. 샌프란시스코의 카스트로The Castro 지역은 동성애자의 집단 거주지로 유명한데 샌프란시스코를 방문하는 관광객이라면 꼭 들르는 관광 명소가 되었습니다.

같은 기간 유럽은 미국보다 동성애자에 대한 권리 보호에 훨씬 앞서 나가, 1989년 북유럽의 덴마크가 세계 최초로 동성 커플 간의 '시

동성애를 상징하는 무지개 깃발

민 결합'을 법적으로 인정했습니다. 시민 결합 또는 생활 동반자 관계는 결혼과 유사한 가족 제도로서 혼인 관계에 준하여 배우자로서 권리와 상속, 세금 혜택, 보험, 의료 등의 법적 이익이 보장됩니다. 하지만 법적 결혼으로는 인정받지 못해 자녀 입양이 제한됩니다. 2001년 세계 최초로 네덜란드에서는 동성 결혼을 합법화했습니다. 이는 이성 부부와 동등한 권리를 부여하는 조치로 자녀 입양까지 허용합니다.

하지만 모든 나라가 동성애를 허용하는 방향으로 나아가는 것은 아닙니다.

사우디아라비아, 이란, 아프가니스탄, 파키스탄 등 이슬람 국가에서 동성애는 아직도 사형에 처할 수 있는 중범죄입니다. 동성애는 이슬람 성전인 꾸란의 가르침과 예언자 무함마드의 언행록에 정면으로 배치되기 때문입니다.

러시아는 이슬람 국가가 아님에도 동성애자를 탄압합니다. 2013년 러시아 의회는 동성애를 옹호하는 집회를 벌이면 벌금형에 처하는 '동성애 홍보 금지법'을 제정했을 정도로 유럽 국가 중 드물게 동성애자를 국가적 차원에서 차별하고 있습니다.

동성애 합법화를 환영하는 사람들

2015년 6월 미국 연방 대법원은 '동성 결혼 합법화'라는 결정을 내림으로써 100년 이상 지속되어 온 찬반 논쟁에 마침표를 찍었습니다. 연방 대법관 9명 중 5명이 '동성 결혼 합법화'에 찬성하고 4명은 반대했습니다. 대법원은 '결혼은 예로부터 중요한 사회 제도였지만 법과 사회의 발전이 동떨어져 있는 것은 아니다. 이제 동성 결혼에 대한 반감이 많이 사라진 사회상을 반영해야 한다. 동성 커플이 비난 속에서 외롭게 사는 일은 옳지 않으며 법 앞에 평등한 대우를 받아야 한다.'라는 결정문을 통해 동성 결혼 합법화에 대한 이유를 설명했습니다.

대법원의 결정이 발표되는 순간 한껏 축제 분위기로 들뜬 샌프란시스코에서는 수많은 동성애자가 거리로 뛰쳐나와 무지개 깃발을 휘

둘렀습니다. 다양성을 상징하는 무지개를 동성애자가 자신들의 존재를 다양성 차원에서 바라봐 달라는 의미로 사용하고 있습니다. 대법원 결정을 기점으로 미국은 세계에서 21번째로 동성 결혼을 합법화한 나라가 되었으며 유럽과 같은 수준의 동성애자 인권 보호국이 되었습니다.

특히 샌프란시스코는 미국의 50개 주 가운데 동성애자를 비롯해 유색 인종, 무슬림 등 소수자에 대한 차별이 가장 적은 곳이라는 명성을 얻고 있습니다. 샌프란시스코 시민은 '다름'을 차별이 아닌 차이로 편견 없이 받아들입니다. 이에 샌프란시스코는 '관용의 도시'로 불리면서 다양한 배경을 지닌 사람들을 불러 모으고 있습니다.

관용의 도시에서도 환영받지 못하는 흑인들

샌프란시스코는 미국에서 소득이 높고 차별이 없는 도시로 손꼽힙니다. 도시의 개방성이 높을수록 외부 인재와 기술 유입에 대한 거부감이 적어 도시는 빠르게 진화하고, 이에 비례해 성장률과 소득 수준이 높아집니다. 샌프란시스코는 미국의 다른 어떤 도시보다 다양한 삶의 가치를 존중하는 관용적인 도시로 정평이 나 있습니다.

모든 미국인이 샌프란시스코로 가면 평등한 대우를 받을 것 같지만 흑인은 예외입니다. 대도시별 흑인 현황을 보면 샌프란시스코는 미국 14대 도시 중 흑인의 비율이 낮은 축에 속합니다. 1970년대만 하더라도 샌프란시스코의 흑인 비중은 13.4%에 달해 미국 평균을 크게 웃돌았습니다. 서쪽 필모어Fillmore 지역은 제2차 세계대전 당시 흑인이 대거 유입되면서 재즈 바가 많이 생겨나 흑인 문화를 만끽할 수 있는 곳이었습니다. 하지만 흑인의 전성기는 오래 가지 않았습니다.

1990년대 미국 IT정보 통신 기술 산업의 메카인 실리콘밸리가 샌프란시스코 인근에서 비약적 성장을 거듭하면서 전 세계에서 인재들이 몰려오기 시작했습니다. 그 덕분에 실리콘밸리 인근 도시들이 급성장해 집값을 비롯한 물가가 폭등하기 시작했습니다. 그로 인해 샌프란시스코는 가난한 흑인이 살기에 버거운 도시가 되어 갔습니다.

샌프란시스코에 살던 흑인 중 인근 실리콘밸리에서 창의적인 연구 개발 활동을 할 수 있는 사람은 거의 없었습니다. 이 때문에 이 도시

부유한 샌프란시스코에서 찾아보기 힘든 흑인

에서 흑인은 필요 없는 존재가 되었습니다. 또한 샌프란시스코의 흑인 거주지는 백인에게서 '범죄의 온상'으로 낙인찍히는 바람에 집을 담보로 은행 대출을 받을 수 없었습니다. 흑인은 오래된 집을 헐고 신축하거나 제대로 수리할 수도 없었습니다.

시간이 흐를수록 흑인 거주 지역은 슬럼가로 변하면서 아름다운 샌프란시스코의 미관을 손상해 재개발의 빌미가 되었습니다. 백인이 다수 포진하고 있는 샌프란시스코 시 의회에서 '도시 재개발법'이 통과되면서 흑인들은 살던 곳에서 보상금을 받고 쫓겨났고 그 자리에 백인의 거주지가 들어섰습니다. 이는 백인이 재개발이라는 명분을 내세워 흑인을 몰아낸 것이나 다름없습니다. 2000년대에 들어서자 샌프란시스코에서 흑인이 차지하는 비중은 5%대로 떨어졌습니다. 이곳에서 쫓겨난 흑인은 인근 도시로 흩어졌지만 가는 곳마다 환영받지 못했습니다.

백인은 자신이 살고 있는 동네에 흑인 비율이 늘어나면 집을 팔고 다른 곳으로 떠납니다. 흑백이 함께 살던 동네는 시간이 지날수록 흑인 마을로 바뀌면서 다른 인종은 접근조차 꺼리게 됩니다. 흑인 마을로 변하면 집값이 떨어지고 은행이 대출을 꺼려 다시 슬럼화가 진행되고, 이를 빌미로 재개발이 시작되면서 흑인이 쫓겨나는 일이 반복되고 있습니다. 샌프란시스코는 소수자인 동성애자도 포용하는 관용적인 도시로 명성을 떨치고 있지만 흑인에게는 메마른 도시입니다.

악명 높은 죄수만 수감하는 공포의 알카트라즈 감옥

1920년 금주법이 시작되면서 밀주* 시장을 노린 갱단 간의 피비린 내 나는 전쟁이 벌어졌습니다. 갱단 두목은 밀주를 팔아 큰돈을 벌었고 평상시에 정치인, 고위 관료, 판·검사 등 기득권층과 끈끈한 유착 관계를 맺어 왔기 때문에 구속되는 일도 거의 없었습니다. 설령 감옥에 갇히더라도 교도관을 매수해 별다른 불편 없이 살았습니다. 이로 인해 갱단 두목은 감옥에 가는 일을 전혀 두려워하지 않았고 잠시 머리를 식히다 나오는 정도로 생각했습니다. 갱단 두목은 교도관의 비호 속에 감방 안에서 얼마든지 부하에게 명령을 내릴 수 있었고 심지어 살인 지시를 내리기도 했습니다.

사법 제도가 공정하게 운영되지 않자 국민은 정부를 향해 거센 비판을 이어 갔습니다. 정부는 이를 모면하기 위한 대책 마련에 나섰습니다. 1934년 연방 정부는 갱단 두목이나 연쇄 살인범 같은 중죄인을 사회에서 완전히 격리할 수 있는 묘안을 찾았습니다. 그것은 샌프란시스코 앞바다에 있는 암석으로 이뤄진 알카트라즈 섬 Alcatraz Island에 교도소를 만드는 일이었습니다.

육지에서 3km가량 떨어진 돌섬은 교도소를 짓기에 더할 나위 없이 좋은 곳이었습니다. 돌섬은 평균 높이가 41m나 되기 때문에 죄수가 탈출을 위해 바다로 뛰어내릴 경우 암벽에 부딪혀 살아남기 힘들

---

* 허가 없이 몰래 술을 담금. 또는 그 술

탈출이 불가능한 알카트라즈 섬

었습니다. 운 좋게 바다로 뛰어든다 하더라도 바닷물이 유난히 차갑고 일 년 내내 조류가 돌섬 방향으로 흐르기 때문에 아무리 수영을 잘하더라도 섬에서 100m를 벗어나기조차 쉽지 않았습니다. 다시 말해 조류의 영향으로 아무리 헤엄을 치더라도 다시 돌섬으로 돌아올 수밖에 없는 상황이었습니다.

이처럼 교도소를 짓기에 최상의 지리 요건을 갖춘 돌섬에 연방 정부는 악명 높은 알카트라즈 감옥을 지었습니다. 미국 역사상 최악의 갱단 두목으로 평가받는 알 카포네Al Capone를 포함해 미국 전역에서 잔인무도한 중범죄자들이 탈옥이 불가능한 알카트라즈로 이감되어 교정 당국의 삼엄한 감시를 받게 되었습니다.

알카트라즈 감옥의 초대 교도소장은 감옥 내 질서 유지를 위해 '침묵의 규율'을 만들어 재소자 간의 사적인 대화를 금지했습니다. 교도소 안이 쥐 죽은 듯 조용하다 보니 밤이 되면 바다 건너 샌프란시스코 해안에서 들려오는 소리가 바람을 타고 죄수들의 귀에 들어왔습니다.

살벌한 감시 속에서 아무 말도 하지 못한 채 하루를 보내야 하는 죄수의 스트레스가 최대치를 넘자 교도소 내에서 온갖 사고가 일어났습니다. 죄수 간에 주먹다짐은 물론, 성난 죄수들은 교도관을 살해하기에 이르렀습니다. 감옥 내 모든 죄수의 꿈은 탈옥이었지만 돌섬의 특별한 주변 환경 때문에 누구도 탈옥에 성공하지 못했습니다.

그런데 1962년 6월 11일 알카트라즈 감옥에 갇혀 있던 죄수 3명이 감쪽같이 사라지는 일이 발생했습니다. 저녁 9시 30분 저녁 점호를 마친 뒤부터는 교도관이 1시간에 1번씩 감옥을 돌아다니며 인원 점검을 하는데, 교도관은 다음 날 새벽이 되어서야 수감자 3명이 사라진 사실을 알게 되었습니다. 죄수들이 탈옥하면서 비누와 콘크리트 가루

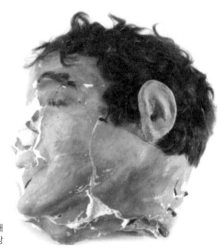

교도관의 눈을 속이기 위해
비누로 만든 두상

벽을 뚫고 사라진 죄수들

로 정교하게 만든 사람의 두상을 침대 위에 두고 나갔기 때문에 교도
관은 죄수들이 침대에서 얌전히 자는 줄로만 알았습니다.

탈옥수들은 감방 내 환기구를 통해 도주했고 섬에서 완전히 자취
를 감추었습니다. 죄수들의 탈옥 사실을 알게 된 교도소 측은 죄수들
이 어떻게 사라졌는지 원인을 조사하기 위해 노력했습니다. 하지만
남아 있는 죄수들이 침묵으로 일관하며 조사에 협조하지 않는 바람
에 정확한 답을 찾기가 쉽지 않았습니다. 그런데 사건 발생 사흘 뒤
죄수 한 명이 모든 사실을 털어놓자 그동안 교도소에서 무슨 일이 있
었는지 낱낱이 알 수 있게 되었습니다.

탈옥수 3명은 오래전부터 알카트라즈 감옥을 탈옥하기 위해 치밀
한 계획을 세우고 식당에서 훔친 숟가락으로 감방 내 환풍구의 구멍
을 조금씩 넓혀 나갔습니다. 환풍구가 있는 콘크리트 벽을 숟가락으

로 긁어내면서 생겨난 콘크리트 가루에 비누를 섞어 얼굴 모형을 만들었습니다.

탈옥을 위한 가장 큰 문제는 돌섬을 빠져나갈 수 있는 배를 마련하는 것이었습니다. 탈옥수들은 배와 구명조끼를 만들기 위해 우비를 이용했습니다. 우비는 방수 능력이 뛰어나기 때문에 죄수들은 이를 이용해 물 위에 뜰 수 있는 배와 구명조끼를 허름하게나마 만들었습니다. 성인 남자 세 명이 탈 수 있는 배와 구명조끼를 만들려면 우비가 최소 50장 이상 필요했는데, 이는 동료 죄수들의 도움으로 마련했습니다.

수사 결과 죄수 대부분은 이들의 탈옥 계획을 알고 있었고 더 나아가 탈옥수들이 무사히 빠져나갈 수 있도록 물심양면으로 돕기까지 했습니다. 신도 탈출할 수 없다던 알카트라즈 감옥의 신화를 동료 죄

FBI의 대대적인 추적에도
끝내 발견되지 않은
알카트라즈 교도소 탈주범들

오늘날 관광 명소가 된 알카트라즈 교도소의 외부와 내부

수의 적극적인 도움을 받은 탈옥수 3명이 깨고 말았습니다.

사건이 발생한 지 5일 뒤 FBI 사무실에 엽서 한 장이 도착했습니다. 탈옥수들이 보낸 엽서에는 '하하하, 마침내 우리가 해냈다.'라는 글과 함께 탈옥수 세 명의 친필 사인이 있었습니다. 이에 격분한 FBI는 이들을 잡기 위해 백방으로 수소문했지만 지금까지도 잡지 못하고 있습니다. 이들은 미국 역사상 가장 오랫동안 잡히지 않는 현상 수배범으로 지금도 수배 대상으로 남아 있습니다.

그동안 연방 의회는 일반 교도소보다 유지비가 몇 배나 많이 드는 알카트라즈 교도소를 예산 절약 차원에서 폐쇄하라고 요구했습니다. 하지만 존 F. 케네디 대통령은 흉악한 범죄자를 사회에서 완전히 격리하고 탈옥을 막으려면 알카트라즈 감옥이 반드시 필요하다고 판단해 계속 유지했습니다.

탈출 불가능한 섬이라고 여겼던 알카트라즈 감옥에서 흉악범들이 탈옥에 성공하자 연방 의회는 케네디 대통령에게 비난의 화살을 날렸습니다. 비난이 거세지자 케네디 대통령은 더는 버틸 수 없었고, 1963년 3월 결국 알카트라즈 감옥은 역사의 뒤안길로 사라졌습니다. 예산 문제로 사라진 알카트라즈 감옥은 오늘날 샌프란시스코 최고의 관광 명소가 되어 해마다 엄청난 수의 관광객을 끌어모으고 있습니다. 샌프란시스코를 방문하는 관광객 대부분은 알카트라즈 교도소를 방문하는데, 원할 경우 짧은 시간 동안 독방에 수감되는 경험도 할 수 있습니다.

도전과 개척 정신으로 탄생한 공유 경제

황금을 찾아 목숨을 걸고 서부로 건너온 사람들이 샌프란시스코의 근간을 만들었던 만큼 샌프란시스코는 시작부터 개척자들의 도시였습니다. 1906년 발생한 대화재 때문에 로스앤젤레스에게 서부 최대의 도시라는 타이틀을 빼앗겼지만 구성원들은 다양한 삶의 가치를 존중하는 문화로 번영을 누려 왔습니다.

샌프란시스코는 도시 분위기가 개방적이다 보니 외부인이 다른 지역보다 쉽게 정착할 수 있는 장점이 있습니다. 샌프란시스코 인구 중 백인이 차지하는 비중은 절반에도 미치지 못하며 한국, 중국, 일본, 인도 등의 아시아계와 히스패닉, 유대인 등 다양한 인종이 옹기종기 모여 살고 있습니다. 샌프란시스코 시민들의 머릿속에 흐르는 개척과 관용 정신은 '공유 경제'라는 새로운 분야를 만들어 내는 데 일조했습니다.

자유와 창의가 넘치는
샌프란시스코

샌프란시스코는 넘쳐 나는 관광객 때문에 택시 잡기가 쉽지 않았습니다. 이 같은 문제를 해결하기 위해 스마트폰 애플리케이션으로 승객과 차량을 이어 주는 서비스, 즉 차량 공유 서비스를 제공하는 기업인 우버Uber가 등장했습니다. 또한 호텔방을 구하기 어려운 문제를 해결해 주는 숙박 공유 서비스 제공 회사 에어비앤비Airbnb 역시 샌프란시스코에서 탄생했습니다. 누구나 한마디씩 인터넷에 하고 싶은 말을 남길 수 있는 트위터, 사진 및 동영상을 공유할 수 있는 인스타그램 역시 샌프란시스코에서 탄생했습니다.

세계적인 공유 기업이 샌프란시스코에서 탄생한 것은 우연이 아닙니다. 이는 외부 인재와 새로운 기술 도입에 관용적인 분위기와 도전 정신이 넘치는 샌프란시스코만의 전통 덕택입니다. 샌프란시스코 인근에 있는 실리콘밸리가 반도체 기업 인텔이나 스마트폰 회사 애플을 필두로 한 정보 통신 기술 산업의 중심지라면, 샌프란시스코는 트위터나 우버 같은 공유 경제 기업들의 메카로 자리매김하고 있습니다.

반짝이는 아이디어를 밑천으로 한 공유 기업이 연이어 성공을 거두면서 샌프란시스코는 창업하려는 이들로 북적이고 있습니다. 이는 샌프란시스코가 독점 대신 공유, 폐쇄 대신 개방이 중시되는 시대정신과 가장 부합하는 도시이기 때문입니다.

★

첨단 기술을 거부한
샌프란시스코

　미국에서 가장 개방적인 도시 샌프란시스코는 첨단 기술 기업의 요람이다. 그러나 기술 혁신을 주도하고 있는 샌프란시스코에서 2019년 안면 인식 기술 사용을 금지하는 내용을 담은 시 의회의 조례가 통과되자 많은 사람의 관심을 사로잡았다.

　FBI는 이전부터 범죄인의 얼굴을 데이터베이스로 만들어 범죄자 체포에 사용하고 있다. 국경 수비대는 얼굴 데이터베이스를 불법 이민자 색출에 요긴하게 사용하고 있다. 미국 이외에도 많은 나라에서 정부 차원에서 치안이나 테러 방지를 위해 적극적으로 안면 인식 기술을 도입하고 있는 상황에서 샌프란시스코 시 의회의 결정은 논란의 대상이 되었다. 시 의회가 여러 가지로 장점이 있는 안면 인식 기술을 거부한 것은 개인의 사생활이 침해될 수 있기 때문이다.

　페이스북이나 인스타그램 등 소셜 네트워크 서비스SNS에 사용자들이 자발적으로 올린 사진을 기업이 동의 없이 안면 인식 기술을 개발하는 데 이용하면서 문제가 불거졌다. 안면 인식 기술의 정확도를 높이려면 많은 양의 데이터 확보가 필수적이고 이를 위해서는 SNS에 올라온 사진이 필요했던 것이다.

　2019년 애플스토어를 찾은 한 청년은 매장 내부의 안면 인식 프로그램이 자신을 절도범으로 잘못 인식해 곤욕을 치렀다는 이유로 애플을 상대로 10억 달러의 피해 배상 소송을 하기도 했다. 이와 같이 사생활 침해 문제가 발생하자 샌프란시스코 시 의회는 안면 인식 기술을 사용할 수 없도록 조례를 제정했다.

이를 본받아 다른 도시에서도 비슷한 조례를 제정하려고 하자 반대 의견이 쏟아져 나왔다. 반대하는 가장 큰 이유는 범죄로부터 안전한 사회를 만드는 데 안면 인식 기술만 한 것이 없기 때문이다. 또한 첨단 분야에서 무서운 속도로 추격해 오는 중국에 덜미를 잡히지 않기 위해 기술 발전은 계속되어야 한다고 주장한다. 중국은 정부 주도로 안면 인식 기술 개발에 나서 매년 눈부신 발전을 거듭하고 있다. 정부의 전폭적인 지원을 받는 중국 기업은 전 국민의 얼굴을 데이터베이스로 만들어 불과 3초 만에 식별할 수 있는 기술을 보유하고 있다.

안면 인식 기술은 얼마든지 좋은 방향으로 사용될 수 있다. 지하철 탑승에 안면 인식 기계를 활용하면 사람들은 더는 카드나 돈을 들고 다니지 않아도 지하철을 이용할 수 있다. 한 걸음 더 나아가 상거래에서 안면 인식 기술이 활용되면 대금 결제를 위해 쓰이는 시간과 비용이 사라지게 된다. 또한 안면 인식 기술은 범죄율을 낮추는 데 유용한 도구가 될 수 있다. 범죄자를 정확하고 신속히 알아낼 수 있을 뿐만 아니라 수사망을 피해 숨어 다니는 범죄자를 체포하기도 한결 쉬워진다. 만약 부모가 어린아이를 잃어버리더라도 지금보다 찾을 수 있는 확률이 크게 높아진다. 안면 인식 기술은 이처럼 많은 장점과 무한한 성장 가능성을 지닌 기술임에도 불구하고 첨단 기술의 메카인 샌프란시스코에서는 인권 침해를 이유로 환영받지 못하고 있다.

6장

세계적인 스포츠로 자리 잡은

미국의 프로 야구

미국인의 일상 속 스포츠, 야구의 역사

미국은 영국 청교도가 개척한 나라인 만큼 스포츠 역시 영국의 영향을 많이 받았습니다. 13세기부터 영국인은 공과 방망이를 이용한 크리켓cricket을 즐겼고, 미국으로 건너와서도 변함없이 크리켓에 심취했습니다. 그런데 미국인은 크리켓을 변형해 그들의 취향에 맞는 새로운 종목을 만들어 이를 야구baseball라고 불렀습니다.

야구의 원형이 된
크리켓

많은 미국인에게 사랑받는 야구

야구는 각자의 자리를 지키는 것을 기본으로 하면서 함께 작전을 펼치기 때문에 개인주의를 중시하는 동시에 단결을 외치는 미국적 사고에 가장 잘 맞는 운동입니다. 야구가 선풍적인 인기를 끌며 미국 전역으로 퍼져 나가자 1869년에는 신시내티 레드 스타킹스 Cincinnati Red Stockings라는 미국 최초의 프로 야구 구단이 탄생했습니다. 이를 계기로 미국 전역에서 프로 야구 구단이 우후죽순처럼 생겨났고 프로 야구는 팬들의 성원 속에 많은 인기를 누렸습니다.

1876년 최초의 프로 야구 리그인 내셔널리그 National League가 출범해 본격적인 상업 야구 시대를 열었습니다. 내셔널리그 구단들이 큰돈을 벌게 되면서 프로 야구 창단이 크게 유행했습니다. 1901년 또 다른 프로 야구 리그인 아메리칸 리그 American League가 출범해 경쟁 체제를 도입했습니다. 이들 양대 리그를 일컬어 '메이저리그 Major League'라고 불렀습니다. 1903년부터는 각 리그 우승 팀끼리 7전 4승제로 우승 팀을 가리는 월드시리즈를 시작했습니다.

야구는 미국인에게 인기 있는 스포츠인 동시에 일상이기도 합니다. 미국 아버지 대부분은 어린 아들과 캐치볼하는 것을 즐거운 운동이자 하나의 가정 교육으로 생각하기 때문에 어디를 가나 야구를 즐기는 모습을 쉽게 볼 수 있습니다. 게다가 학교와 마을마다 야구 팀이 있어 누구나 쉽게 야구를 즐길 수 있습니다. 3월부터 10월까지 프로 야구는 일주일에 하루를 제외하고 매일 경기가 열리기 때문에 가족이나 친구들과 함께 야구를 보러 가는 것이 일상입니다. 이와 같이 야구는 미국인의 생활 속에 깊이 자리 잡은 생활 스포츠이며, 예로부터 많은 사랑을 받아 왔습니다.

메이저리그의 전설적인 홈런왕, 베이브 루스

야구 왕 베이브 루스Babe Ruth의 본명은 조지 루스George H. Ruth입니다. 미국 사람들은 프로 신출내기를 의미하는 베이비baby 시절부터 탁월한 기량을 선보였던 그를 일컬어 베이브 루스라는 애칭으로 불렀습니다.

1895년 가난한 집안에서 태어난 베이브 루스는 불우한 성장 과정을 거쳤습니다. 빈민가를 전전

불세출의 야구 영웅 베이브 루스

하던 그의 가족은 비위생적인 환경 때문에 7남매 중 5명이 어린 나이에 전염병으로 목숨을 잃었습니다. 돈을 제대로 벌지 못한 그의 아버지는 어린 아들을 보육원에 보내면서 부양의 의무를 저버렸습니다. 보육원에서 고달픈 생활을 하던 베이브 루스에게 야구는 외로움을 달래 주는 최고의 친구였습니다.

어린 시절부터 힘이 장사였던 베이브 루스는 야구에 남다른 재능을 보였습니다. 그는 1914년 19살에 오늘날 보스턴 레드삭스Boston Red Sox 팀에서 프로 야구 선수 생활을 시작했습니다. 야구에 재능을 가진 그는 프로 세계에 입문하자마자 투수로서 뛰어난 능력을 발휘했습니다. 1914년부터 1919년까지 그는 89승이나 올린 보스턴 레드삭스 팀의 최고 투수였습니다. 그러나 새로운 구단주가 된 해리 프레이지 Harry Frazee와 갈등을 겪으면서 야구 인생에 위기를 맞게 되었습니다.

독선적인 해리 프레이지는 개성이 뚜렷하고 자기주장이 강한 베이브 루스가 마음에 들지 않았습니다. 베이브 루스가 팀의 에이스*로서 절대적인 비중을 차지하고 있었지만, 구단주는 자신의 힘을 보여 주기 위해 1919년 시즌이 끝나자 그를 뉴욕 양키스New York Yankees에 넘겼습니다. 수치심을 주기 위해 그의 동의도 없이 헐값으로 넘긴 것입니다. 이후에도 해리 프레이지는 베이브 루스를 두고 '돈만 밝히는 인격 파탄자'라며 원색적인 비난을 쏟았습니다.

마음에 상처를 입은 베이브 루스는 양키스로 이적한 뒤 타자로 변

---

* 야구에서 팀의 주전 투수를 이르는 말

신했습니다. 그는 명예를 회복하기 위해 최선을 다했습니다. 그 결과 홈런을 몰아치며 미국 야구를 부흥시켰습니다. 야구팬들은 베이브 루스의 홈런을 보기 위해 앞다투어 야구장을 찾았습니다. 그 덕분에 뉴욕 양키스는 돈방석에 앉게 되었습니다. 더구나 베이브 루스가 이적해 오기 전까지만 해도 리그 중하위권에 머물렀던 뉴욕 양키스는 연이어 월드시리즈를 제패하면서 최고 명문 구단이 되었습니다.

베이브 루스는 구름 떼 같은 관중을 몰고 다니면서 양키스 팀의 우승에 절대적인 역할을 해 야구팬의 사랑을 독차지했습니다. 야구를 좋아하지 않는 사람도 그의 이름을 모르는 사람이 없을 정도로 그는 17시즌 동안 메이저리그를 지배한 야구 황제였습니다. 베이브 루스는 1935년 은퇴할 때까지 홈런포를 모두 714개 쏘아 올렸습니다. 이는 1974년 행크 아론_{Hank Aaron}이 기록을 경신할 때까지 무려 39년 동안 누구도 넘지 못한 대기록이었습니다.

행크 아론이 베이브 루스의 기록을 깬 것은 부인할 수 없는 사실이지만 야구 환경이 달랐기 때문에 동일한 잣대로 비교하는 것에는 무리가 따릅니다. 베이브 루스가 활동하던 기간에 메이저리그의 한 팀당 경기 수는 행크 아론이 활동하던 기간에 비해 적

인종 차별을 극복하고 홈런왕이 된 행크 아론

었습니다. 또한 당시 야구공은 행크 아론이 사용하던 것에 비해 탄력성이 떨어져 홈런을 치기가 쉽지 않았습니다. 베이브 루스가 한 해홈런 50개를 터뜨릴 때 다른 선수들은 10개를 치기도 버거웠을 정도로 당시 홈런은 쉽게 보기 어려웠습니다. 하지만 당시 백인들의 스포츠인 야구에서 흑인으로서 극심한 인종 차별을 극복하고 홈런왕이된 행크 아론 역시 대단한 선수임을 부정할 수는 없으며, 아론 역시오늘날 야구의 전설로 추앙받습니다.

한편, 최고의 인기 선수가 사라진 보스턴 레드삭스는 침체기로 접어들었습니다. 1918년 이전까지 15번 열린 월드시리즈에서 보스턴레드삭스는 5차례나 우승을 차지했을 정도로 막강한 실력을 뽐냈습니다. 하지만 베이브 루스가 떠난 뒤 월드시리즈 우승은커녕 승률이5%에도 이르지 못했을 정도로 실력이 바닥을 맴돌았습니다.

보스턴 레드삭스의 성적이 시원치 않자 팬들은 이유가 베이브 루스를 헐값에 팔아 치웠기 때문이라고 말하며 이를 두고 '밤비노의 저주'라고 했습니다. 밤비노란 이탈리아어로 '아기'를 뜻하는데, 베이브루스의 애칭이었습니다. 보스턴 레드삭스는 1918년 월드시리즈 우승을 끝으로 2003년까지 우승을 하지 못했습니다. 이에 열혈 팬들은베이브 루스의 무덤까지 찾아가 사죄를 구하며 저주를 풀어 달라고애원하기도 했습니다. 2004년 보스턴 레드삭스가 월드시리즈에서우승하면서 밤비노의 저주는 86년 만에 풀렸습니다.

프로 야구의 세계에서 자행된 인종 차별

오늘날 메이저리그는 인종에 상관없이 실력대로 대접을 받지만, 1930년대 이전까지만 해도 야구는 백인만의 스포츠였습니다. 오래 전부터 백인은 '흑인은 지능이 낮으므로 야구 경기에 적합하지 않다.'라는 편견을 가지고 있었습니다. 야구는 육상처럼 달리기만 하면 되는 것이 아니라 다양한 작전을 펼쳐야 하기 때문에 머리가 나쁜 흑인에게는 부적합한 운동이라고 여겼습니다.

실제로 다양한 야구 포지션 중 투수와 포수는 머리를 많이 써야 합니다. 이들은 상대 타자의 약점과 습관을 모두 파악하고 있어야 경기를 풀어 갈 수 있기 때문입니다. 1883년 메이저리그에 최초의 흑인 선수가 등장했지만 오래지 않아 퇴출당했습니다. 능력이 뛰어나더라도 흑인이 경기장에서 뛰어다니는 것을 백인 관객이 원하지 않았기 때문입니다. 이후 이윤 추구를 목적으로 하는 메이저리그에서는 흑인 선수를 철저히 배제해 오직 백인 선수만이 경기장에 나갈 수 있었습니다. 대신 흑인들은 니그로 리그 Negro League 라는 흑인만을 위한 리

니그로 리그에서 뛰는
흑인 선수들

그에서 뛸 수 있었습니다.

경제적으로 부유한 백인은 니그로 리그를 보러 가는 일이 거의 없었습니다. 반면에 먹고살기 바빴던 흑인은 야구를 보러 갈 여유가 없었기 때문에 관중석은 항상 텅 비어 있었습니다. 니그로 리그에서 뛰는 흑인 선수들은 생계가 불가능할 만큼 적은 수입으로 인해 생활고에 시달렸습니다. 이들은 값비싼 야구 장비를 구하지 못해 발만 동동 굴렸고 시즌 뒤에는 생계를 위해 부업을 해야 했습니다. 야구를 사랑하는 마음은 백인과 똑같았지만 흑인은 인종에 따라 확연히 구분되는 세상에서 야구를 했습니다.

인종 차별에 맞선 야구 영웅, 재키 로빈슨

재키 로빈슨Jackie Robinson은 1919년 미국 남부 조지아주에서 5남매 중 막내로 태어났습니다. 어린 시절 가족을 따라 캘리포니아주로 이주한 그는 야구, 농구, 육상 등 거의 모든 종목에서 두각을 드러내는 등 스포츠 스타로서 자질을 갖추고 있었습니다. 서부 지역 명문 공립 대학교인 캘리포니아대학교 로스앤젤레스캠퍼스UCLA로 진학한 그는 학교를 대표하는 야구 선수로 뛰며 일찌감치 탁월한 능력을 보여 주었습니다.

1941년 12월 일본의 진주만 기습으로 태평양 전쟁이 일어나자, 재키 로빈슨도 국가를 위해 참전하기로 했습니다. 당시 명문대 출신이 그러하듯이 재키 로빈슨도 장교로 군대에 가기 위해 장교 양성 학교에 지원했으나 미국 육군은 흑인을 장교로 받아들이기를 꺼렸습니다. 천신만고 끝에 재키 로빈슨은 육군 장교로 군에 입대했으나 군대 생활은 순탄하지 않았습니다.

흑인으로서는 드물게 장교가 된 재키 로빈슨

당시 흑인은 지능이 낮다는 편견에 사로잡혀 있던 백인은 흑인 병사가 참전하는 것을 달가워하지 않았습니다. 목숨이 위태로운 전쟁 상황에서 지능이 낮은 흑인과 함께 작전하다가 봉변을 당할지 모른다는 두려움 때문이었습니다. 이로 인해 백인과 흑인은 군대에서 섞이는 법이 없었으며 인종별로 다른 부대에 편성되었습니다. 재키 로빈슨은 흑인 병사를 이끌며 작전을 펼쳤습니다.

재키 로빈슨처럼 가뭄에 콩 나듯이 장교로 부임하는 흑인도 있었지만 대부분은 소위나 중위 같은 하급 장교였습니다. 반면에 고위급 장교는 백인이었으며, 이들이 흑인 부대의 총지휘를 맡아 절대적인 권한을 행사했습니다. 백인 장교는 흑인 병사를 부를 때 이름이 아닌 깜둥이라 부르며 멸시했습니다. 이에 분노한 재키 로빈슨은 수시로 백인 장교와 마찰을 일으켰습니다. 재키 로빈슨은 상관에게는 눈엣가시였습니다.

어느 날 재키 로빈슨이 버스에 올라탔습니다. 당시 법에 따라 흑인은 백인이 버스를 타면 자리를 양보해야 했습니다. 당시는 흑인과 백인이 같은 버스 요금을 내더라도, 흑인은 백인에게 무조건 좌석을 양보해야 하는 악법이 존재하던 시대였습니다. 재키 로빈슨이 앞쪽 좌석에 앉아 있을 때 백인 승객이 자리에서 일어날 것을 요구했습니다. 하지만 그는 부당한 요구에 응하지 않았습니다. 사태가 커지면서 당시 가뜩이나 상관에게 미운털이 박힌 재키 로빈슨은 군사 재판에서 유죄를 받고 불명예 제대했습니다. 제대 뒤 재키 로빈슨은 야구 선수의 꿈을 이루기 위해 니그로 리그에서 활약했습니다. 그는 그곳에서 압도적인 실력을 선보이며 당대 최고의 흑인 선수로 추앙받았습니다.

흑인으로서 최초로 메이저리그에 입성하다

웨슬리 브랜치 리키Wesley Branch Rickey는 메이저리그 브루클린 다저스Brooklyn Dodgers의 구단주였습니다. 그는 모든 인간이 평등하다고 생각하는 그 당시로서는 진보적인 사람으로서 메이저리그에서 인종 차별의 벽을 허물고자 했습니다. 1945년 리키 구단주는 재키 로빈슨을 불러 메이저리그 진출 의사를 물었습니다. 모든 야구 선수의 꿈인 메이저리그 영입 제안을 받은 재키 로빈슨은 즉석에서 승낙했습니다. 잔뜩 들떠 있던 재키 로빈슨에게 리키 구단주는 단호한 어조로 "앞으로 어떤 모욕과 비난을 듣더라도 참아야 한다."라고 충고했습니다. 만약 재키 로빈슨이 모욕을 참지 못하고 덤벼들면 백인의 지지를 받을 수 없지만 일방적으로 모욕을 당한다면 동정표를 얻을 수 있음을 리키 구단주는 잘 알고 있었던 것입니다.

리키 구단주가 수많은 흑인 야구 선수 중 재키 로빈슨을 선발한 데에는 나름대로 이유가 있었습니다. 그는 우선 흑인의 야구 실력이 백인과 겨루어도 손색이 없어야 하고, 학벌도 받쳐 주어야 백인이 함부로 얕잡아 볼 수 없다고 판단했습니다. 재키 로빈슨은 명문 대학 출신에다 뛰어난 야구 실력까지 갖춘 찾아보기 드문 선수였습니다.

1946년 리키 구단주는 재키 로빈슨을 곧바로 메이저리그로 불러들이지 않고 하위 리그인 마이너리그에서 한 시즌을 보내게 했습니다. 재키 로빈슨은 마이너리그에서 펄펄 날아다니며 그해 타율왕과 득점왕을 차지해 최우수 선수상_{MVP}을 받았습니다. 기량에 문제가 없다고 판단한 리키 구단주는 이듬해인 1947년 재키 로빈슨을 메이저리그로 승격시켰습니다. 그가 메이저리그로 올라오자 브루클린 다저스 팀 선수들은 격렬하게 저항했습니다.

당시는 '흑백분리법'에 따라 흑인과 백인은 식당은 물론 화장실도 함께 쓰지 않던 시대였기 때문에 흑인과 백인이 한 팀에서 뛴다는 것은 상상조차 할 수 없는 일이었습니다. 브루클린 다저스 선수들

뛰어난 실력이 있어도 마이너리그에서
뛰어야 했던 재키 로빈슨

은 흑인과 함께할 수 없다는 뜻을 적은 요구서를 보냈지만 리키 구단주는 묵묵부답이었습니다. 이에 선수들이 다른 팀으로 이적하게 해줄 것을 요구했지만 이번에도 그 요구는 묵살되었습니다. 이와 같이 재키 로빈슨은 동료에게서 인정받지 못한 상태에서 메이저리그 생활을 시작했습니다.

1947년 4월 15일 드디어 재키 로빈슨은 설레는 마음으로 첫 출전을 했습니다. 이전까지 메이저리그 선수 400명 전원이 백인이었지만 그가 출전하게 되면서 백인 399명에 흑인 1명으로 비율이 변경되었습니다. 재키 로빈슨이 경기장에 들어서자 관객들은 그를 향해 일제히 야유를 퍼부었습니다. 재키 로빈슨이 어디를 가든지 백인 관중들의 야유는 계속되었습니다. 심지어 그의 집으로는 야구를 그만두지 않으면 가족을 죽이겠다는 협박 편지가 수도 없이 날아왔습니다.

경기 때마다 수모를 당해야 했던 재키 로빈슨

그나마 홈경기 때는 야유와 조롱이 덜했지만 원정 경기 때는 수난의 연속이었습니다. 원정 팀은 특급 호텔에 머물면서 경기를 준비합니다. 그런데 호텔 측은 재키 로빈슨이 흑인이라는 이유로 선수단 전원의 투숙을 거부하기

에 이르렀습니다. 특급 호텔
들은 흑인 한 명 때문에 지난
수십 년간 거래해 온 단골을
내쳤습니다. 메이저리그 구단
주 대부분도 리키 구단주에게
경기장에 흑인을 데려오지 말
것을 요구했습니다.

재키 로빈슨을 가장 괴롭
힌 사람은 필라델피아 필리스
Philadelphia Phillies 구단의 벤 채프
먼Ben Chapman 감독이었습니다.

인종 차별주의자인 벤 채프먼 감독

그는 재키 로빈슨을 볼 때마다 "깜둥이 노예야! 목화 농장으로 돌아
가라. 아프리카 정글이 너를 기다린다. 야구는 깜둥이와 어울리지 않
는다. 거울도 보지 않느냐? 야구는 백인의 경기다."라는 모욕적인 말
을 끊임없이 늘어놓았습니다.

필라델피아 필리스의 타자들은 1루수를 맡고 있던 재키 로빈슨을
괴롭히기 위해 베이스* 대신 일부러 그의 다리를 밟아 고통을 주었
습니다. 벤 채프먼 감독은 자기 팀 투수에게 재키 로빈슨의 얼굴을
향해 공을 던지라고 지시하기도 했습니다. 이에 투수는 온 힘을 다
해 재키 로빈슨의 얼굴을 향해 공을 던져 재키 로빈슨에게 큰 부상

---

* 야구에서 내야의 네 귀퉁이에 있는 방석같이 생긴 물건. 또는 그 물건의 위

을 입히기도 했습니다. 사실 투수가 던지는 빠른 공에 잘못 맞으면 부상 정도로 끝나는 것이 아니라 목숨을 잃을 수도 있습니다. 하지만 벤 채프먼 감독뿐만 아니라 다른 구단 감독들도 투수에게 재키 로빈슨의 얼굴을 향해 공을 던지도록 했습니다. 얼굴에 공을 맞을 때마다 재키 로빈슨은 경기장에 쓰러졌지만 오뚝이처럼 다시 일어났습니다. 백인 감독과 선수들은 서슴없이 야구공으로 테러를 저질렀지만 재키 로빈슨을 경기장에서 몰아낼 수는 없었습니다.

재키 로빈슨에 대한 탄압이 도를 넘을수록 그를 동정하는 사람도 점차 늘어났습니다. 재키 로빈슨은 놀라운 인내력으로 백인과 부딪치지 않고 자신의 맡은 바를 묵묵히 해 나갔습니다. 시간이 흐르면서 브루클린 다저스 선수들이 가장 먼저 그를 동료로 인정해 주었습니다. 나중에는 다른 팀 선수들도 그를 한 명의 야구 선수로 받아들였습니다.

재키 로빈슨은 데뷔 첫해 타율 0.297에 도루* 29개를 성공해 내셔 널리그 신인왕을 차지하는 영광을 누렸습니다. 또한 이듬해에는 내셔널리그 타격왕과 최우수 선수(MVP)에 오르면서 최고의 기량을 선보였습니다. 이후 1956년 시즌을 마지막으로 선수 생활을 접을 때까지 그는 뛰어난 활약을 보이며 흑인도 백인과 다르지 않다는 점을 세상에 증명했습니다.

---

* 야구에서 주자가 수비의 허술한 틈을 타서 다음 베이스까지 가는 일

매년 4월 15일, 재키 로빈슨 데이

1956년 재키 로빈슨은 은퇴했지만 그가 활짝 열어젖힌 메이저리그의 문을 통해 많은 흑인 선수가 들어왔습니다. 재키 로빈슨 덕분에 능력 있는 흑인 선수가 메이저리그 무대에 설 수 있게 되었고, 이를 통해 흑인에 대한 좋은 이미지를 심어 줄 수 있었습니다. 재키 로빈슨의 성공은 단지 한 명의 흑인 스포츠 스타 탄생을 의미하는 것이 아니라, 인종 차별 철폐의 첫발을 내딛는 계기가 되었습니다.

1962년 재키 로빈슨은 흑인 최초로 야구 영웅들만 들어갈 수 있는 '명예의 전당'에 이름을 올렸습니다. 명예의 전당 명단에 오르려면 메이저리그에서 연속으로 10년 이상 뛰어야 하고 은퇴 뒤 야구기자협회에 소속된 기자들의 찬반 투표에서 75% 이상의 득표율을 기록해야 합니다. 재키 로빈슨은 기자들의 압도적인 지지를 받아 베이브 루스와 같은 야구 영웅들을 기리는 명예의 전당에 이름을 올리는 영광을 누렸습니다.

은퇴 뒤 재키 로빈슨은 흑인의 인권 향상을 위해 미국의 흑인 운동 지도자인 마틴 루서 킹Martin Luther King, Jr 목사와

온갖 역경을 딛고 야구 명예의 전당에 이름을 남긴 재키 로빈슨

은퇴 뒤 흑인 인권 향상에 앞장선
재키 로빈슨

손잡고 일했습니다. 그는 온갖 고난과 역경을 극복하고 성공한 인간 승리의 전형으로 미국 사회에 각인되어 있었기 때문에 재키 로빈슨의 인권 운동은 상당한 반향을 불러일으켰습니다.

재키 로빈슨은 당뇨병 합병증으로 1972년 53세라는 젊은 나이에 세상을 떠났습니다. 재키 로빈슨은 죽었지만 그에 대한 팬들의 관심까지 사라진 것은 아니었습니다.

1997년 4월 메이저리그 사무국은 재키 로빈슨이 현역으로 있으면서 사용한 등번호 42번을 영구 결번하기로 했습니다. 이후 메이저리그 30개 구단의 어떤 선수도 등번호 42번을 사용할 수 없었습니다. 2004년부터는 그가 메이저리그에 첫 출전한 4월 15일을 '재키 로빈

4월 15일 경기를 치르는 모든 메이저리그 선수가 재키 로빈슨의 등번호 42번을 달고 출전한 모습

2005년 먼저 세상을 떠난 남편을 대신해 미국 정부로부터 공로상을 받는 재키 로빈슨의 아내

슨 데이'로 지정해 기념하기로 했습니다. 그리고 일 년에 단 하루 이 날만 등번호 42번을 단 유니폼을 입을 수 있도록 허용했습니다.

처음에는 4월 15일에 메이저리그 선수들이 재키 로빈슨을 기리기 위해 자발적으로 등번호 42번을 단 유니폼을 입기 시작했습니다. 이후 2009년부터는 4월 15일 경기를 치르는 모든 선수가 등번호 42번을 단 유니폼을 입게 되었습니다. 선수뿐만 아니라 감독, 코치 심지어 심판까지 경기장에 있는 모든 사람이 42번을 달고 등장해 재키 로빈슨을 잊지 않으려고 했습니다.

2016년 4월 필라델피아 시 의회는 이례적인 결의안을 세상에 발표했습니다. 오래전 재키 로빈슨이 경기를 위해 필라델피아를 방문했을 당시 호텔에 투숙하는 것을 거부하고 선수, 감독, 관중들이 그를 향해 인격 모욕적인 폭언을 늘어놓은 것에 대한 사과문을 만장일

치로 결의해 재키 로빈슨의 부인과 가족들에게 전달했습니다. 재키 로빈슨은 이미 세상을 떠나고 없었지만, 남은 가족들에게 용서를 구하며 아름다운 화해로 끝을 맺었습니다.

빈부 격차 심화로 프로 야구 무대에서 사라지는 흑인 선수들

재키 로빈슨 이후 메이저리그에 흑인이 대거 진출하면서 1981년에는 전체 메이저리그 선수 중 18.7%가 흑인으로 채워졌습니다. 흑인들의 메이저리그 진출이 두드러지자 야구 관계자들은 복싱이나 농구처럼 메이저리그도 그들이 점령할 것으로 내다봤습니다. 그렇지만 예상과 달리 1981년을 정점으로 흑인들은 야구에서 점차 사라지게 되었습니다. 1980년대 이후 미국의 소득 양극화 현상이 심해지면서 가난한 흑인은 야구를 접할 수 없게 되었기 때문입니다.

과거에는 동네마다 있는 리틀 야구단이 청소년 야구의 중심이 되어 가난한 흑인 아이들도 큰 부담 없이 야구를 접할 수 있었지만 세상이 바뀌기 시작했습니다. 미국 전역에 고액의 수강료를 받고 야구를 전문적으로 가르치는 야구 클럽이 늘어났습니다. 부모가 경제적으로 여유 있는 백인 청소년들은 어릴 적부터 전문가에게 수준 높은 야구 교육을 받을 수 있었습니다. 하지만 가정이 빈곤한 흑인 청소년들은 동네 야구 수준을 벗어날 수 없게 되었습니다.

가입비만 수천 달러에 이르는 야구 클럽에 가입한 학생들은 체계적인 훈련을 받고 미국 전역을 돌아다니며 매년 100경기 넘는 시합을 통해 실전 경험을 쌓습니다. 반면에 가입비가 60달러에 그치는 리틀 야구단은 동네 운동장에서 야구를 하면서 세월만 보내 시간이 지나도 기량이 별로 늘지 않습니다. 아무리 신체 능력이 뛰어나더라도 제대로 배울 수 없는 상태에서는 야구를 잘할 수 없습니다.

흑인이 겪는 빈곤은 대학 진학에도 많은 영향을 미쳤습니다. 미국의 대학은 농구와 미식축구 특기자에게 등록금 전액 면제에 생활비까지 지원해 돈 걱정 없이 학교생활과 운동을 할 수 있도록 배려합니다. 그러나 야구 특기생이 학교에서 받는 혜택은 매우 적어 대부분 한 해 수만 달러에 달하는 비싼 등록금을 내고 운동을 해야 하는 처지입니다. 이로 인해 운동 신경이 뛰어난 가난한 흑인 학생이 야구보다는 미식축구나 농구로 몰리면서 메이저리그에서 활약하는 흑인 선수의 비중이 계속 줄어들었습니다.

가난으로 야구에서 멀어지고 있는 흑인

현격한 빈부 차이가 존재하는 미국 프로 야구

더구나 메이저리그 구단이 줄어든 자리를 중남미와 아시아 선수들로 채워 넣으면서 흑인 선수의 입지가 더욱 좁아졌습니다. 오래전 재키 로빈슨이 모욕과 생명의 위협까지 받아 가면서 시작된 흑인 선수의 메이저리그 활약은 경제적 빈곤이라는 암초로 인해 점차 줄어들고 있습니다.

메이저리그와 마이너리그, 하늘과 땅 차이

야구를 생업으로 삼고 있는 전 세계 프로 야구 선수의 꿈은 메이저리그에서 뛰는 선수인 메이저리거Major Leaguer가 되는 것입니다. 하지만 전 세계 수만 명에 이르는 야구 선수 중 메이저리거가 될 수 있는 사람은 극소수에 지나지 않습니다.

미국에서는 해마다 프로 야구 선수가 되려는 신규 인력이 5만 명 정도 배출됩니다. 메이저리그 30개 구단 관계자들은 한자리에 모여 시장에 나온 선수들을 지명합니다. 이를 신인 드래프트draft 제도라고 하는데, 대개 한 구단에서 50명 정도의 신인 선수를 선발합니다. 5만 명 넘는 아마추어 선수 중 1,500명만 선택받기 때문에 프로의 세계는 출발부터가 매우 통과하기 좁은 문입니다.

프로 구단의 선택을 받는다고 해서 메이저리그로 바로 가는 것은 아닙니다. 메이저리그에 소속된 30개 구단은 저마다 하위 리그인 마이너리그Minor League 팀을 운영하여 선수를 육성합니다. 신인들은 실력에 따라 각자의 능력에 걸맞은 마이너리그 팀으로 보내집니다. 마이너리그는 가장 하위 리그인 루키리그Rookie League를 시작으로 싱글에이A, 더블에이AA, 트리플에이AAA 상위 리그로 이루어져 있습니다. 각 리그마다 경쟁이 워낙 치열하다 보니 메이저리그까지 승격되기란 낙타가 바늘구멍에 들어가는 것만큼 어렵습니다.

마이너리그에서는 가장 하위 리그인 루키리그에 있든지, 가장 높은 트리플에이AAA에 있든지 빈곤에 시달리기는 모두 마찬가지입니다. 마이너리그 선수의 연 소득은 미국 연방 정부가 정한 법정 최저 임금에도 미치지 못합니다. 이에 반해 메이저리그에서 뛰는 선수의 평균 연봉은 수백만 달러에 달하며 인기 선수는 연간 2,000만 달러 넘는 거액을 벌어들입니다.

수입뿐 아니라 선수들이 구단에서 받는 대우 역시 하늘과 땅 차이입니다. 메이저리그 선수들은 원정 경기를 할 때 전세기를 이용해 편

마이너리그 엠블럼

하게 이동하지만 마이너리그 선수들은 버스를 이용합니다. 미국은 영토가 워낙 넓어 버스로 이동하려면 12시간 이상이 걸립니다. 새벽같이 일어나 낡은 버스에 몸을 싣고 미국 전역을 돌아다니는 일은 몸이 건강한 야구 선수들에게도 무척 힘든 일입니다.

1993년 '농구 황제'라 불리던 전설적인 농구 선수 마이클 조던 Michael Jordan이 갑작스럽게 농구를 그만두고 프로 야구 선수로 데뷔해 세상을 깜짝 놀라게 했습니다. 하지만 메이저리그 선수가 될 만한 실력을 갖추지 못한 마이클 조던은 마이너리그에서 선수 생활을 시작했는데, 당시 그를 가장 괴롭혔던 것이 버스 이동이었다고 합니다. 억만장자인 마이클 조던은 비좁은 버스 안에서 새우잠을 자는 것이 너무 고통스러워 자비를 들여 만든 초호화 리무진 버스를 구단에 기증하기도 했습니다. 그렇지만 그는 고된 마이너리그 생활에 도저히 적응할 수 없어 1년 만에 야구를 포기했습니다.

마이너리그 선수가 받는 차별 대우는 이동 수단뿐만이 아닙니다.

메이저리그 선수는 특급 호텔에서 자고 식사도 뷔페로 즐기며 입었던 운동복은 호텔에서 세탁해 줍니다. 또한 선수의 편의를 위해 야구 장비를 운반하는 등 잔심부름을 하는 직원도 여러 명 있어 선수들은 경기에만 집중할 수 있습니다. 이에 반해 마이너리그 선수는 값싼 모텔을 이용하며 한 방에서 여러 명이 자야 합니다. 게다가 구단에서 하루에 10달러 남짓한 식대를 지급하기 때문에 균형 잡힌 식단은 생각조차 할 수 없습니다. 이들은 햄버거로 식사를 때우며 손수 유니폼을 빨아서 입어야 합니다.

마이너리그 선수에 대한 대우가 형편없자 이들은 마침내 집단행동에 나섰습니다. 2014년 2월 마이너리그 소속 선수들은 메이저리그 사무국과 30개 구단주를 대상으로 연방 법과 주 법에서 보장하는 법정 최저 임금을 지급하라는 소송을 제기했습니다. 그러나 메이저리그 사무국은 "야구 선수라는 직업은 일반 직업이 아니기 때문에 법정 최저 임금 보장은 불가능하다."라고 말해 마이너리그 선수들을 분노케 했습니다.

메이저리그에는 막강한 선수 노조가 있어 선수들이 자신의 이권을 지켜 낼 수 있지만 마이너리그에는 노조가 없기 때문에 소송 외에는 권익을 지킬 수 있는 별다른 수단이 없습니다. 한때는 마이너리그 출신이었던 메이저리그 선수들조차 마이너리그 선수들을 적극적으로 도우려고 하지 않습니다. 그들은 마이너리그 선수의 연봉을 올려 주면 자신들에게 돌아오는 몫이 적어질 것을 우려해 사태를 수수방관합니다.

빈부 격차를 심화시킨 프리 에이전트 시스템

1976년 이전까지 프로 야구 선수는 미국 사회에서 큰돈을 버는 직업이 아니었습니다. 당시에는 메이저리그 선수의 평균 연봉도 5만 달러에 지나지 않았기 때문에 선수들은 메이저리그나 마이너리그를 가리지 않고 야구 시즌이 끝나면 부업을 해야 할 정도였습니다. 하지만 1976년부터 프리 에이전트Free Agent 제도가 도입되면서 메이저리그 선수의 연봉이 폭등하기 시작했습니다. 프리 에이전트 제도란 프로 팀에 소속된 선수가 일정한 기간(6년)이 지난 뒤 리그의 모든 구단과 자유롭게 계약을 맺을 수 있는 시스템을 말합니다. 프리 에이전트 제도 덕분에 능력 있는 선수가 얼마든지 팀을 옮겨 다닐 수 있게 되자 구단들은 돈 보따리를 풀며 선수들을 잡으려고 했습니다. 이로 인해 해마다 연봉이 큰 폭으로 상승해 1976년 5만 달러에 지나지 않던 연봉이 1992년 100만 달러, 2001년 200만 달러, 2008년 300만 달러, 2015년 400만 달러를 돌파하며 천정부지로 치솟았습니다.

프리 에이전트 제도가 도입되었지만 모든 메이저리그 선수가 혜택을 보는 것은 아닙니다. 치열한 생존 경쟁이 펼쳐지는 메이저리그에서 6년 이상 한 팀에서 주전 자리를 꿰차는 선수는 전체 메이저리그 선수 중 10%도 되지 않을 정도로 적기 때문입니다. 그렇지만 1976년 이후 30년 동안 메이저리그 선수들의 연봉이 80배 이상 치솟으며 극소수 메이저리그 선수는 막대한 돈을 손에 쥐었습니다. 반면에 마이너리그 선수의 연봉은 물가 상승률에도 못 미쳐 엄청난 소득 격차

기념품으로 부가 수입을 올리는 메이저리그

가 생겨났습니다. 마이너리그 선수의 평균 연봉은 2만 달러도 되지
않아 400만 달러를 넘는 메이저리그 선수의 0.5%에도 이르지 못합
니다.

극소수 메이저리그 선수도 많은 돈을 벌었지만, 30개 구단은 그야
말로 돈방석에 앉으며 상업적 성공을 거두었습니다. 경기마다 관객
이 3만 명 정도 꾸준히 몰리고, 이보다 훨씬 많은 야구팬이 텔레비전
앞에 모이기 때문에 메이저리그는 황금알을 낳는 거위처럼 수지맞는
사업으로 성장했습니다. 메이저리그 구단들은 해마다 방송사로부터
10억 달러가 넘는 텔레비전 중계권료를 거두어들이고 있습니다. 이

메이저리그의 돈줄인 TV 중계권료

외에도 기념품 판매 등 갖가지 부대사업까지 합치면 연간 100억 달러에 이르는 매출을 올리고 있습니다.

메이저리그 구단은 부자들의 재산 증식을 위한 수단으로도 활용되어 수시로 주인이 바뀝니다. 2004년 LA 다저스를 3억 7,000만 달러에 사들인 한 부자는 2012년 23억 달러에 팔아 치우면서 엄청난 시세 차익을 남기기도 했습니다. 이와 같이 메이저리그는 수많은 마이너리그 선수의 희생 속에 구단주 30여 명과 극소수의 인기 선수가 큰돈을 챙기는 자본주의 스포츠의 진면목을 보여주고 있습니다.

프로 야구의 협상 대리인, 에이전트

스캇 보라스Scott Boras는 1974년부터 1978년까지 마이너리그에서 활동한 선수였습니다. 그는 마이너리그에서 두각을 드러낸 적이 없는 선수였는데 1978년 무렵 부상을 당하며 선수 생활을 접어야 했습니다.

프로 야구 세계에서 퇴출당한 보라스는 변호사가 되기 위해 로스쿨에 진학했습니다. 야구계를 떠나기 전 그가 몸담았던 시카고 컵스Chicago Cubs의 구단주는 그를 불쌍히 여겨 로스쿨 학비를 지원해 주었습니다. 로스쿨을 졸업하고 변호사가 된 보라스는 야구 선수들을 잘 이용하면 큰돈을 벌 수 있다는 사실을 깨달았습니다. 예전부터 프로 야구 선수들은 구단 측과 벌이는 협상에서 불리했기 때문에 자신의 능력에 맞는 합당한 대우를 받지 못했습니다.

보라스는 자신이 가진 법률 지식과 야구 선수로서 뛰었던 경험을 활용해 에이전트agent, 즉 선수 대리인의 세계로 들어섰습니다. 더구나 1976년부터 프리 에이전트 시스템이 시행되면서 선수들에게 큰돈을

야구 에이전트 시대를 연
스캇 보라스

벌 기회가 생기자 보라스는 선수들에게 접근해 몸값을 높여 주는 일에 앞장섰습니다. 메이저리그의 속성을 누구보다 잘 알고 있었던 보라스는 구단을 상대로 협상력을 발휘해 선수들의 몸값을 계속 올렸습니다.

보라스는 협상력을 높이기 위해 과학적인 방법을 동원했습니다. 하버드 대학이나 MIT 대학 등 명문대 출신 통계학자를 고용해 시즌 중에 선수들이 이룬 성과를 수치화해 객관적인 자료를 만들어 구단과 하는 협상에서 우위에 섰습니다. 또한 미국 이외에도 야구가 활성화된 모든 나라에 스카우터*를 보내 숨은 인재를 적극적으로 발굴해 메이저리그로 데려왔습니다.

보라스는 선수를 대신해 연봉 협상을 해 주고 계약금의 5%를 수수료로 챙깁니다. 관리하는 선수가 170명이 넘고 메이저리그 선수들의 연봉이 고액이다 보니 해마다 수천만 달러의 수입을 올리고 있습니다. 선수 입장에서 보면 보라스 같은 에이전트는 선수가 정당한 몸값을 받게 해 주는 고마운 사람이지만 구단 입장에서 보면 눈엣가시 같은 존재입니다. 더구나 보라스는 메이저리그 슈퍼스타 출신은커녕 마이너리그 출신이기 때문에 구단주들을 더욱 불편하게 만들었습니다.

---

* 실력이 우수하거나 장래성이 있는 운동 선수를 물색해 발탁하는 일을 전문으로 하는 사람

아메리칸드림과 야구를 권하는 사회

남아메리카와 아프리카 청소년들은 인생 역전을 위해 열심히 축구 공을 찹니다. 뛰어난 축구 실력만 있다면 유럽 무대로 진출해 본국에서는 평생 구경할 수 없는 큰돈을 벌 수 있기 때문입니다. 이와 마찬가지로 미국과 지리적으로 가까운 중앙아메리카의 청소년들은 프로 야구 선수가 되기 위해 열정을 불사릅니다. 이는 메이저리그에서 인기 선수가 되면 40대가 되기 전에 2~3억 달러라는 엄청난 재산을 모을 수 있기 때문입니다.

최근 들어 메이저리그에서는 능력 있는 에이전트의 활약으로 총금액 2억 달러 이상의 초고액 연봉 계약자가 등장하면서 야구로 억만장자가 된 중앙아메리카 출신 선수가 속출하기 시작했고, 이에 자극을 받아 많은 청소년이 야구에 관심을 갖게 되었습니다. 가난을 대물림하고 살던 중앙아메리카 사람들은 자식이 야구로 가문을 일으켜주기를 바라며 공부 대신 야구를 시키는 경우가 많습니다.

이처럼 중앙아메리카 지역에서 생존을 위한 야구 열기가 후끈하게 달아오르자 메이저리그 30개 구단은 세계 최대 야구 선수 수출국인 도미니카공화국에 야구 아카데미를 설치해 선수 확보에 열을 올리고 있습니다. 메이저리그 구단 입장에서 보면 유망주를 직접 발굴하는 편이 경제적으로 큰 이득이 되기 때문입니다. 구단이 직접 유망주를 발굴해 일찌감치 전속 계약을 맺으면 스포츠 에이전트의 영향력에서 벗어날 수 있기 때문입니다.

미국 프로 야구 팀이 도미니카공화국에서 운영하는 야구 아카데미

　야구 아카데미에 입교한 10대 중반의 도미니카공화국 청소년들은
일요일을 제외한 주 6일 동안 아침부터 저녁까지 공부 대신 야구를
합니다. 메이저리그 구단이 2년 이상 운영하는 야구 아카데미에서 훈
련받은 교육생 중 10% 남짓한 유망주만이 마이너리그에 진출해 야
구를 계속할 수 있습니다. 또한 마이너리그에 진출한 선수 중 극소수
만이 메이저리그 경기장에 올라 꿈에 그리던 메이저리그 선수가 될
수 있습니다.

　메이저리그 소속 구단이 운영하는 야구 아카데미는 훈련생에게 양
질의 음식을 제공하고 적지 않은 금액의 월급도 지급하며 좋은 기회
를 제공합니다. 하지만 중앙아메리카에서 야구 선수가 되려는 청소
년 중 극히 일부만이 이 야구 아카데미에 입교할 수 있습니다. 따라
서 메이저리그 구단이 운영하는 야구 아카데미에 입교하지 못한 청

야구를 통해 인생 역전을 꿈꾸는 도미니카공화국 청소년

소년들은 사실 야구 아카데미에 등록해야 하는데 그곳에서 온갖 종류의 문제가 끊이지 않고 있습니다.

적지 않은 사설 야구 아카데미에서는 선수들을 비싼 값에 메이저리그 구단에 팔기 위해 청소년에게 스테로이드제를 먹여 인위적으로 근육을 발달시켜 힘을 키웁니다. 운동 능력을 향상하기 위해 스테로이드 약물을 먹으면 근력을 강화할 수 있지만 뒷날 심장마비 등 갖가지 심각한 부작용을 일으키게 됩니다.

이와 같이 중앙아메리카 청소년들이 낮은 가능성을 바라보고 책 대신 야구공을 들고 야구 기계로 만들어지고 있지만, 막상 공교육을 책임져야 할 정부는 수수방관할 뿐 적극적으로 개입하지 않습니다. 비록 극소수만이 메이저리그에서 성공할지라도 이들이 매년 고국으로 보내오는 수천만 달러의 돈은 국가의 주요 달러 박스*이기 때문에 정부로서는 절대로 포기할 수 없습니다. 더구나 독재와 부정부패가 만연한 중앙아메리카 국가의 경우, 많은 국민이 성취 가능성이 거의 없는 '야구 억만장자의 꿈'을 꾸는 것이 민주주의를 위해 총을 드는 것보다 낫기 때문에 야구를 권하는 사회가 되어 가고 있습니다.

흥미를 유발하는 야구 쇼

그동안 미국에서 메이저리그는 하나의 스포츠 종목 차원을 넘어 국민을 단합시키는 역할을 해 왔습니다. 두 차례의 세계대전 기간에 도 메이저리그 경기는 계속되었습니다. 미국 전역을 충격과 공포로 몰아넣었던 9·11 테러 때도 경기는 멈추지 않았습니다. 뒤집어 보면 야구는 불황이 없는 산업임을 의미합니다.

메이저리그 구단들은 야구팬의 흥미를 끌기 위해 온갖 종류의 이벤트를 만들어 내면서 분위기를 띄웠습니다. 시카고 컵스Chicago Cubs 구단의 '염소의 저주'에 관한 이야기가 대표 사례입니다. 1945년 시카고 컵스가 대망의 월드시리즈 진출에 성공하자, 홈 팬들은 열광하며 야구를 보기 위해 앞다투어 경기장으로 몰려들었습니다.

어느 날 빌리 시아니스Billy Sianis라는 사람이 기르던 염소를 끌고 월

---

* 수출 따위로 돈을 벌게 해 주는 물건, 또는 그런 사람

드시리즈 4차전을 보러 왔습니다. 구단 관계자는 염소가 다른 관중에게 피해를 줄 수 있다는 이유로 입장을 허락하지 않았습니다. 이에 분노한 염소 주인은 사람들을 향해 "앞으로 시카고 컵스는 월드시리즈에서 두 번 다시 우승하지 못할 것이다."라는 저주를 퍼붓고 사라졌습니다. 3차전까지 2승 1패로 승기를 잡으며 월드시리즈 우승을 목전에 두었던 시카고 컵스는 염소의 입장을 거부한 4차전부터 내리 3연패하며 결국 2승 4패로 준우승에 머물렀습니다.

이후 시카고 컵스는 우승과는 거리가 먼 성적을 거두었습니다. 1984년 시카고 컵스는 '염소의 저주'에 관한 이야기를 소재로 야구 팬들의 흥미를 끌기 위해 빌리 시아니스의 손자와 염소를 정식으로 홈경기에 초대하는 이벤트를 벌이기도 했습니다.

마침내 2003년 염소의 저주를 풀 기회가 찾아왔습니다. 정규 시즌에서 뛰어난 성적을 거둔 시카고 컵스는 내셔널리그 챔피언 결정전까지 진출해 월드시리즈 우승을 바라볼 수 있게 되었습니다. 플로리다 말린스Florida Marlins와 맞붙은 7전 4승제인 챔피언 결정전에서 3승 2패로 앞서며,

염소의 저주를 받은 시카고 컵스

월드시리즈 정상에 오른 뒤 백악관을 방문한 시카고 컵스 선수들

단 1승만 추가하면 대망의 월드시리즈 진출에 성공할 수 있었습니다.

6차전에서도 7회까지 앞서 나가며 승리를 눈앞에 두고 있었는데, 8회 초 플로리다 말린스 선수가 친 공이 관중석 쪽으로 날아가자 시카고 컵스 수비수가 점프해서 잡으려고 하는 순간 관중이 공을 낚아채고 말았습니다. 이 일로 시카고 컵스의 투수는 평정심을 잃어버렸고, 결국 역전패하고 말았습니다. 곧이어 벌어진 7차전에서 시카고 컵스는 플로리다 말린스에 무릎을 꿇어 끝내 염소의 저주를 풀지 못했습니다.

시카고 컵스는 관중이 낚아채 간 공을 비싼 값에 구입해 많은 사람이 보는 앞에서 공개적으로 공을 폭파하는 의식을 치르며 팬들의 관심을 끌고자 했습니다. 이외에도 수많은 메이저리그 구단이 야구팬의 관심을 끌기 위해 다양한 이야기와 이벤트를 만들어 내면서 프로 야구는 인기 스포츠인 동시에 하나의 쇼가 되었습니다.

2016년 시카고 컵스가 염소의 저주를 받은 지 무려 71년 만에 저주를 이겨 내고 월드시리즈에서 우승하면서 사람들을 깜짝 놀라게 했습니다. 트럼프 대통령은 선수들을 백악관으로 초대해 월드시리즈 우승을 축하하기도 했습니다.

미국이 꿈꾼 야구의 세계화

야구는 오랜 기간 미국을 대표하는 스포츠였지만 시간이 흐를수록 인기가 예전에 못 미치고 있습니다. 프로 야구를 즐기는 평균 연령층이 계속 높아지면서 은퇴자를 위한 스포츠가 되고 있기 때문입니다. 3월부터 10월까지 거의 매일 경기가 있는 야구는 은퇴자가 저녁 시간을 즐길 수 있는 최적의 스포츠입니다.

그런데 젊은 층이 야구를 외면하자 점점 이슈의 중심에서 멀어지기 시작했습니다. 이로 인해 젊은이가 좋아하는 스포츠 스타 순위에서 야구 선수가 밀려나면서 텔레비전 시청률이 계속해서 떨어지고 있습니다. 더구나 역량 있는 흑인이 프로 야구를 외면하고 프로 농구나 미식축구로 나가면서 그 빈자리를 중앙아메리카 선수로 메우자 미국인의 야구에 관한 관심은 더욱 없어지게 되었습니다. 이에 메이저리그 구단들은 위기를 탈출하려고 세계적인 인구 대국인 중국과 인도에 야구 붐을 일으키려고 했지만 뜻대로 되지 않았습니다. 야구는 축구와 달리 지극히 미국적인 스포츠로, 미국 외에는 중앙아메리

중국에서는 인기가 없는 야구

카, 한국, 일본, 타이완 등 일부 국가에서만 즐기는 스포츠였기 때문입니다.

　메이저리그 구단들은 야구의 인기가 지속되지 못하고 떨어질까 봐 걱정하면서도 이미 미국 사람들의 바뀐 취향을 되돌릴 방법을 찾지 못해 깊은 고민에 빠져 있습니다. 만약 메이저리그에 베이브 루스나 재키 로빈슨 같은 미국 출신 스타가 등장하지 않는다면, 야구는 백인의 외면 속에 중앙아메리카 출신 히스패닉이 선수로 뛰고 미국 내 히스패닉이 즐기는 스포츠가 될 가능성이 높아지고 있습니다.

★

테니스 코트 위의 신사, 아서 애쉬

미국의 흑인은 미식축구, 프로 농구, 단거리 육상 종목에서는 압도적 기량을 발휘하고 있다. 흑인은 다른 인종에 비해 다리가 길고 근육이 발달해 스포츠에 유리한 신체 조건을 갖추고 있지만 모든 종목에서 두각을 나타내는 것은 아니다. 수영 종목에서는 흑인 선수를 찾아보기가 쉽지 않다. 과거 아프리카 정글에 살던 흑인은 물과 접할 기회가 적어 수영을 못한다는 주장도 있지만 이는 하나의 주장에 지나지 않는다. 흑인은 다른 인종에 비해 발달한 근육 때문에 물에 잘 가라앉고 헤엄을 칠 때 저항을 많이 받아 수영에 불리하다. 그러나 신체 조건보다 흑인에게 불리한 것은 경제적인 요인이다. 농구는 공만 있으면 혼자서도 연습할 수 있지만 수영은 비싼 수업료를 내고 오랜 기간 배워야 하는데 가난한 흑인에게는 쉽지 않은 일이다. 테니스와 골프 역시 경제적인 이유로 흑인의 참여가 적은 종목이다.

하지만 강인한 체력과 순간적인 스피드를 요구하는 테니스는 흑인에게 유리해 몇몇 흑인 선수가 두각을 나타내기도 한다. 대표적인 인물이 아서 애쉬Arthur Ashe다. 애쉬가 태어나 자란 버지니아주는 흑인에게는 테니스 대회에 참가할 기회조차 주지 않는 인종 차별이 심한 곳이었다. 가난한 경비원의 아들이었던 그는 어려움 속에서 테니스를 배웠다. 강인한 체력과 부단한 노력을 바탕으로 일찌감치 두각을 나타낸 애쉬는 고등학생 때부터 전국 대회를 휩쓸었다. 그는 대학에 진학할 수 없는 처지였지만 테니스를 잘해서 전액 장학금을 받는 조전으로 명문 UCLA에 입학할 수 있었다.

군 복무 시절인 1968년, 지금은 세계 4대 테니스 시합으로 손꼽히는 'US오픈 테니스 대회'가 처음으로 개최되었다. US오픈이 시작되자 거액의 상금을 타기 위해 세계에서 내로라하는 프로 테니스 스타들이 몰려들었다. 그들은 대부분 유럽이나 미국의 백인으로 경제적으로 여유가 있는 사람들이었다. 아마추어인 애쉬는 놀라운 기량을 선보이며 우승 트로피를 차지했지만 백인 일색인 테니스계로부터는 환영받지 못했다. 대회 주최 측은 우승자에게 1만 4,000달러를 우승 상금으로 주겠다고 약속했지만 애쉬가 프로 선수가 아니라는 이유를 들어 상금 지급을 거부했다. 대신 차비와 숙박비 등 대회에 참가하는 데 든 경비 280달러만을 지급했다.

이후 프로 선수로 전향한 애쉬는 세계 4대 테니스 시합 중 윔블던과 오스트레일리아 오픈 대회에서 최정상급 기량을 선보이며 우승 트로피를 차지했다. 테니스 코트에서 좋은 매너로 '코트 위의 신사'라고 불리던 애쉬는 막대한 상금을 받았지만 허랑방탕한 생활을 하지 않았다. 모범적인 선수 생활을 하던 애쉬는 자신이 가진 재능을 나누기 위해 빈민가 어린이를 위한 테니스 프로그램을 만들어 아이들을 가르쳤다. 그는 남아프리카 공화국에서 흑인에 대한 인종 차별이 심해지자 이를 반대하는 캠페인에 앞장서기도 했다.

1983년 애쉬는 심장에 문제가 생겨 수술을 받는 과정에서 에이즈AIDS에 오염된 피를 수혈받아 에이즈에 걸렸다. 당시 에이즈에 감염된다는 것은 사형선고를 받는 것이나 다름없었지만 애쉬는 자신이 에이즈로 고통받고 있다는 사실을 세상에 알리기를 주저하지 않았다. 그는 오히려 에이즈 퇴치와 방지를 위한 캠페인에 나섰다. 병마와 싸우던 애쉬는 1993년 50살이라는 나이에 세상을 떠났지만, 테니스 선수로서만이 아니라 의식 있는 사회 운동가로 미국인에게 용기와 영감을 주었다.

애쉬는 "진정한 영웅심은 지극히 평범하며 극적이지도 않습니다. 영웅심은 수단과 방법을 가리지 않고 남을 이기려는 욕심이 아니라 어떤 희생을 치르더라도 남을 위해 봉사하려는 굳은 의지입니다."라는 말을 즐겨 했으며 이를 실천에 옮겼다.

세계적으로 50만 명 이상의 테니스 프로 선수가 있다. 이 중 5만 명만 각종 리그에 참여할 수 있고, 이 중 50명만 4대 테니스 시합의 본선 무대에 설 수 있다. 애쉬는 테니스 선수로서 이루기 힘든 놀라운 업적을 이룬 영웅이었지만 그의 삶은 테니스 코트 밖에서 더욱 빛났다. 1997년 미국 테니스협회는 뉴욕에 있는 국립 테니스 센터를 '아서 애쉬 스타디움'으로 이름 지으며 그의 업적을 기렸다.

7장

전 세계인에게 사랑받는

프로 농구

겨울철 실내 운동으로 고안된 농구

1891년 추운 겨울 미국 매사추세츠주 스프링필드Springfield에 있는 한 체육관에서 농구의 역사가 시작되었습니다. 캐나다 출신 체육 교사 제임스 네이스미스James Naismith는 겨울철에도 청소년이 움츠러들지 않고 활동할 수 있도록 실내에서 할 수 있는 운동을 고안했습니다. 높이가 3m 되는 기둥 위에 복숭아 바구니를 올려놓고 작은 축구공을 집어넣으면 득점을 인정하는 운동으로, 이것이 농구의 탄생이었습니다.

현대 농구는 한 팀이 5명으로 구성되어 있지만 초창기에는 9명으로 구성되었습니다. 그런데 공을 넣을 때마다 기둥으로 올라가 바구니 속의 공을 꺼내야 했기 때문에 경기가 끊임없이 중단되었습니다. 이후 그물 링이 달린 골대가

농구 경기를 창안한
제임스 네이스미스

개발되어 더는 공을 꺼내는 불편을 겪지 않아도 되었습니다. 인원은 한 팀당 5명으로 줄어들었고 농구공도 개발되어 작은 축구공을 쓰는 일이 없어졌습니다.

그물 속에 공을 넣는 단순한 운동 경기인 농구는 삽시간에 미국 전역으로 퍼져 나가며 큰 인기를 끌었습니다. 농구는 골대가 설치되어 있으면 어디에서라도 할 수 있고, 농구공 하나만 있으면 되기 때문에 누구라도 즐길 수 있는 대중 스포츠로서 자리를 잡아 나갔습니다. 더구나 운동량도 많아 청소년의 스트레스 해소에 큰 도움이 되었습니다.

편파 판정으로 도둑맞은 금메달

제2차 세계대전 이후부터 본격화된 미국과 소련의 냉전 분위기는 스포츠 분야에서도 예외가 아니었습니다. 소련은 농구 종주국 미국을 올림픽 무대에서 누르기 위해 국가 차원에서 대책 마련에 나섰습니다. 미국과 사이가 껄끄러웠던 소련은 미국의 자존심이나 다름없는 농구에서 미국을 누르고자 수단과 방법을 가리지 않았습니다. 이를 위해 소련은 운동 감각이 뛰어난 청소년들을 모아 강도 높은 훈련을 시켰습니다. 소련의 농구 선수들은 어린 시절부터 오랜 기간 함께 호흡을 맞추며 훈련하다 보니 탄탄한 팀워크를 갖추게 되었습니다.

올림픽에 참가하는 소련 대표 팀은 보통 400여 차례의 경기를 함께 뛴 경험이 있지만 미국 대표 팀은 그러지 못했습니다. 올림픽을 코앞에 두고 국가 대표팀을 급조해 연습 경기만 10여 차례 하고 올림 픽 무대에 나섰습니다. 그래도 미국 대표 팀의 기량이 워낙 출중하다 보니 1936년 베를린 올림픽에서 농구가 정식 종목으로 선정된 이후 올림픽 무대에서 한 번도 다른 나라에 진 적이 없습니다.

그런데 1972년 뮌헨 올림픽 결승전에서 미국이 만난 소련은 결코 만만한 상대가 아니었습니다. 유소년 시절부터 한솥밥을 먹어 온 소 련 대표 팀 선수들은 기계 부품처럼 한 치의 오차도 없이 움직이며 경기 내내 미국 대표 팀을 살짝 앞서 나갔습니다. 경기가 팽팽하게 진행되자 양국 선수 간의 긴장감과 경쟁의식은 극에 달해 경기 도중 주먹다짐으로 선수가 퇴장당하는 일까지 벌어졌습니다.

경기 막판에 미국이 소련에 역전할 좋은 기회가 찾아왔습니다. 미 국 대표 팀은 경기 종료 3초를 남기고 49대 50으로 1점 차이로 뒤지

조직력이 탄탄했던 소련 대표 팀

고 있었는데 소련 선수의 반칙으로 자유투* 2개를 얻어 냈습니다. 미국 응원단의 함성이 경기장을 가득 메운 가운데 미국 선수가 던진 첫번째 자유투가 그물망을 통과해 동점이 되었습니다. 그런데 이때 갑자기 소련 대표 팀 감독이 작전 시간을 요구했습니다. 농구 규정상 선수가 자유투를 던지는 동안에는 작전 시간을 요구할 수 없지만 소련 대표 팀 감독은 막무가내로 요청했습니다. 그렇지만 심판은 농구 규정에 따라 소련 팀의 작전 시간 요구를 거부하였고 경기는 속개되었습니다. 미국 선수가 두 번째 자유투도 성공하면서 미국 대표 팀은 경기 종료 3초를 앞두고 처음으로 경기를 뒤집는 데 성공했습니다.

경기 종료까지 3초밖에 남지 않은 상황이었기 때문에 미국 대표 팀 선수들과 국민은 올림픽 7회 연속 우승이라는 금자탑을 쌓을 수 있을 것이라는 희망을 품었습니다. 경기가 이어지고 3초 중 2초가 흘러 1초 남은 상황에서 갑자기 브라질 출신 주심이 경기를 중단시켰습니다. 이는 소련 대표 팀 감독이 요구했던 작전 시간을 뒤늦게 받아들인 결과였습니다. 이에 미국 대표 팀 감독은 농구 규정을 언급하며 소련의 작전 시간 요구 자체가 잘못된 행동임을 주장했습니다. 이에 심판들은 작전 시간 없이 경기를 속행시켜야 했습니다.

남은 시간 1초로는 장거리 슛 한 번 제대로 할 수 없기 때문에 미국의 승리는 이미 정해진 일이나 다름없었습니다. 그런데 이때 관중석에 있던 윌리엄 존스 William Jones 국제농구연맹 사무총장이 경기장에 나

---

* 농구에서 상대편이 반칙했을 때 일정한 지점에서 아무 방해 없이 슛을 던져 1점을 얻을 수 있도록 기회를 주는 것

타나 소련 대표 팀에게 시간을 3초 주라는 명령을 내렸습니다. 사무총장에게는 시간을 늘릴 수 있는 법적인 권한이 없지만 심판은 그의 요구대로 소련 대표 팀에 3초의 시간을 주었습니다. 그런데 경기 진행 요원이 남은 시간을 1초에서 3초로 늘리는 것을 잊는 바람에 경기를 속행한 지 1초 만에 경기 종료 신호가 경기장에 울려 퍼졌습니다.

그러자 소련 대표 팀은 3초를 다시 요구했고 심판이 이를 받아들여 또다시 3초가 주어졌습니다. 호루라기 소리와 함께 경기가 속행되자 소련 선수 하나가 미국 측 골 밑 근처에서 대기하고 있던 동료를 향해 경기장 끝에서 끝으로 이어지는 장거리 패스를 성공시켰습니다. 공을 받은 소련 선수가 골밑슛을 성공시키는 순간, 3초가 모두 흘러 경기는 소련 대표 팀의 1점 차이 승리로 끝나고 말았습니다.

소련 대표 팀 선수들은 기쁨을 주체하지 못해 경기장을 방방 뛰어

승리에 취한 소련 선수들

은메달 수상을 거부한 미국 팀

다녔지만 미국 대표 팀은 망연자실해 경기장 위에 주저앉아 눈물을
흘렸습니다. 이날 벌어진 일은 누가 보더라도 도저히 이해할 수 없는
지극히 편파적인 오심으로서, 정정당당함을 소중한 가치로 생각하는
올림픽 정신과도 어울리지 않는 일이었습니다.

  편파 판정으로 어처구니없게 금메달을 도둑맞은 미국 대표 팀은
은메달을 거부할 뿐 아니라, 아예 시상식장에 모습을 드러내지도 않
았습니다. 대신 국제농구연맹에 이의를 제기했습니다. 이에 전문 위
원 5명으로 이루어진 소청심사위원회가 열려 미국이 제기한 안건을
심사했습니다.

  그런데 소청심사위원회는 미국에 불리하게도 심사 위원 5명 중
3명이 소련의 영향권에 있던 사회주의 국가 헝가리, 폴란드, 쿠바 출

신이었습니다. 이들은 사건을 제대로 심사하지도 않고 곧바로 미국의 의견이 타당성 없다고 주장하며 기각 결정을 내렸습니다. 이는 정의보다는 이념이 중요했던 냉전 시대의 단면이기도 했습니다.

당시 미국 대표로 참가한 선수들은 어찌나 화가 났던지 자신들이 죽더라도 은메달을 받아서는 안 된다는 유서를 미리 남기기까지 했습니다. 미국 선수단이 끝내 받지 않은 1972년 뮌헨 올림픽 남자 농구 은메달은 지금도 스위스 로잔에 있는 국제올림픽위원회IOC 본부에 보관되어 있으며 언젠가는 주인이 찾아가기를 기다리고 있습니다.

미국 농구 국가 대표, 드림 팀의 탄생

1972년 미국 농구는 뮌헨 올림픽에서 소련에게 금메달의 영광을 빼앗겼지만 이후 치러진 올림픽과 세계선수권대회에서 연승을 거두며 세계 최강의 자리를 유지했습니다. 그런데 1980년대 들어 유럽 국가들을 비롯한 대부분의 나라에서 대학이나 동호회 같은 순수 아마추어 농구 선수가 아니라, 준 프로급인 실업 선수를 올림픽에 내보내면서 분위기가 바뀌기 시작했습니다.

미국 대표 팀은 올림픽에 참가하는 농구 팀 중 거의 유일하게 대학생으로 구성된 순수 아마추어 팀을 올림픽에 파견했습니다. 이는 올림픽 자체가 아마추어 선수들을 위한 경쟁의 장이었기 때문입니다. 하지만 프로 선수나 다름없는 실업 선수로 구성된 유럽 팀들의 전력이 아마추어로 이루어졌던 예전과는 비교할 수 없을 정도로 막강해

1988년 서울 올림픽 당시 동메달에 그쳤던 미국 대표 팀

져 미국 대표 팀에게 큰 위협이 되었습니다.

1988년 서울 올림픽 때, 이전과는 달리 힘겹게 경기를 치르던 미국 대표 팀은 준결승에서 라이벌 관계인 소련 대표 팀을 만나게 되었습니다. 시합이 미국의 우방국인 한국에서 펼쳐졌기 때문에 미국으로서는 불리할 것이 없었습니다. 공정한 상태에서 치러진 경기에서 미국 대표 팀은 경기 내내 소련에 끌려 다니다가 결국 82대 76으로 지고 말았습니다. 서울 올림픽에서 미국 농구 대표 팀은 사상 최초로 동메달을 획득하는 데 그쳤고 미국 국민은 큰 충격을 받았습니다.

미국 농구의 추락은 계속되어 1990년 개최된 세계선수권대회에서도 동메달을 따는 데 그쳤습니다. 국제 무대에서 미국 농구의 위상이 급격히 추락하자, 미국 프로 농구 협회NBA를 이끌던 데이비드 스턴David Stern 총재가 미국 농구의 부활이라는 사명을 맡았습니다. 그는 미국 대표 팀이 아마추어 선수만으로는 더는 세계 정상에 오를 수 없다는 사실을 깨닫고 프로 농구 선수들로 구성된 올림픽 대표 팀을 만드는 일에 나섰습니다.

당시 국제올림픽위원회는 프로 농구 선수의 올림픽 출전을 엄격히 금지하고 있었기 때문에 스턴은 올림픽 규정을 바꾸는 일부터 시작해야 했습니다. 변호사 출신의 스턴은 뛰어난 언변으로 국제올림픽위원회를 설득했습니다. 그는 이미 육상이나 테니스 등 여러 종목에서 프로 선수가 올림픽에 참가하고 있기 때문에 농구에서도 프로 선수의 참가를 허용하는 것은 문제가 안 된다고 주장했습니다.

또한 세계적으로 큰 인기를 누리고 있는 미국 프로 농구 선수들이 올림픽 경기에 나선다면 관중이 몰려들어 입장료 수입도 늘어날 것이라고 말했습니다. 스턴의 제안은 상당한 설득력이 있었습니다. 세계 최고 수준의 기량을 갖추고 수많은 팬을 확보한 미국 프로 농구

미국 농구를 부활시킨 데이비드 스턴 총재

압도적인 기량을 바탕으로 가볍게 금메달을 딴 1992년 미국 농구 대표 팀

스타들이 올림픽에 참가하면 흥행 성공은 따 놓은 당상이었습니다. 미국과 국제올림픽위원회의 이익이 맞아떨어지면서 미국 프로 농구 선수들의 올림픽 참가가 전격적으로 허용되었습니다.

1992년 스페인 바르셀로나 올림픽부터 미국 프로 농구 선수들이 올림픽에 참가했습니다. 스턴 총재는 엄청난 연봉을 받는 프로 선수들이 바쁜 일정과 부상을 우려해 올림픽에 참가하지 않을 가능성을 염려했지만 당대 최고의 프로 농구 선수들은 미국을 위해 기꺼이 올림픽 대표 팀에 참여했습니다.

1992년 여름, 올림픽이 시작되자 '드림 팀'으로 불린 미국 대표 팀은 환상적인 플레이를 선보였습니다. 최고의 기량을 갖춘 미국 대표 팀 선수는 신기에 가까운 묘기를 펼치며 상대 팀을 압도했습니다. 미국 대표 팀의 경기를 보기 위해 구름 떼 같은 관중이 몰려들어 올림픽 농구 경기장은 인산인해를 이루었습니다.

　프로 농구 스타들의 사인을 받기 위해 너무 많은 사람이 몰려들자 선수들의 신변 보호를 위해 경찰이 동원되기도 했습니다. 미국 대표팀은 경기를 8차례 치르면서 상대 팀을 평균 43.8점 차로 이기며 지구상에 더는 맞수가 없음을 세계인에게 보여 주었습니다. 미국 프로 농구 선수들의 맹활약을 지켜본 전 세계 시청자들은 농구의 묘미를 만끽할 수 있었습니다. 이는 미국 프로 농구의 세계화에 큰 역할을 했습니다.

농구의 황제 마이클 조던

　미국 프로 농구이하, NBA 역사상 가장 위대한 선수는 단연 마이클 조던Michael Jordan 입니다. 1963년 뉴욕주 브루클린에서 태어난 조던은 농구 선수였던 형의 영향으로 자신도 농구 선수가 되기로 했습니다. 고등학생이 된 조던은 180cm에도 미치지 못하는 작은 키로 좌절하기도 했습니다. 2m에 육박하는 장신이 즐비한 농구계에서

피나는 노력으로 기량을 향상시킨 마이클 조던

178cm의 단신인 조던이 설 공간을 찾기란 쉽지 않았습니다. 조던은 농구에 대한 이해도와 실력으로는 남에게 뒤지지 않았지만 키가 작아 번번이 주전 명단에서 배제되었고 팀에서 쫓겨나는 수모를 겪기도 했습니다. 그럴수록 조던은 새벽부터 체육관에 나와 피나는 훈련을 하며 실력을 갖추어 갔습니다.

조던이 이후 보여 준 뛰어난 농구 실력은 타고난 것이 아니라 부단한 노력의 결과입니다. 고등학교 입학 때만 하더라도 농구 선수로서

미국 프로 농구계를 평정한
마이클 조던

유난히 작았던 키는 성장을 거듭해 198cm까지 자라 농구 선수로서의 신체적 조건을 갖추게 되었습니다. 노스캐롤라이나 대학에 장학금을 받고 진학한 조던은 타의 추종을 불허하는 실력을 뽐내며 대학 농구계를 평정했습니다.

대학교 1학년 때부터 프로 농구팀의 주목을 받아 온 조던은 대학교 3학년에 재학 중이던 1984년 프로 농구의 세계에 뛰어들었습니다. 조던은 NBA에 소속된 시카고 불스Chicago Bulls에 입단하면서 프로 농구 선수 생활을 시작했는데 데뷔 첫해부터 두각을 나타내면서 농구 스타로서의 길을 걸었습니다.

조던은 고난도 기술을 자유자재로 구사하며 농구장을 찾은 관중들을 흥분하게 했습니다. 조던은 2003년 농구 코트를 완전히 떠날 때까지 정규 리그 MVP 5회, 챔피언 결정전 MVP 6회, 득점왕 10회 등 다른 선수가 따라 하기 힘든 불멸의 기록을 남겼습니다.

나이키와 마이클 조던, 스포츠 스타 마케팅의 시대를 열다

1970년대까지만 하더라도 나이키는 뛰어난 품질과 합리적 가격으로 미국 스포츠용품 시장의 절대 강자였습니다. 그러나 1980년대에 접어들면서 아디다스, 푸마, 리복 등 외국 업체들이 공격적인 마케팅으로 시장을 잠식해 나가자 나이키에 위기가 찾아왔습니다. 경쟁업체들은 대대적인 TV 광고를 통해 큰 성과를 보았지만 나이키는 광고에 적극적이지 않았습니다. 나이키의 창업자 필 나이트Phil Knight에게는 최고 품질의 스포츠용품을 만들어 합리적인 가격으로 시장에 내놓는다면 소비자가 알아서 구매할 것이라는 소신이 있었기 때문입니다.

그러나 미국 소비자들이 스포츠용품을 살 때 품질과 가격을 꼼꼼히 따져서 구매하기보다는 TV 광고를 통해 익숙한 브랜드의 제품을 선호하자 나이키는 판매 부진에 허덕이게 되었습니다. 나이키는 지금까지 경험하지 못한 경영 위기에 처하자, 이를 극복하기 위해 스포츠 스타를 활용한 마케팅 전략에 나섰습니다. 자신이 존경하는 사람을 따라 하려는 인간의 심리를 마케팅에 이용하기로 했습니다. 이때 나이키의 눈에 띈 운동선수가 바로 마이클 조던입니다. 1984년 NBA 데뷔와 동시에 청소년들에게 선풍적인 인기를 끌던 마이클 조던은 나이키를 위한 최적의 조건을 갖추고 있었습니다. 우선 나이가 어리기 때문에 앞으로 농구 선수로서 성장할 여지가 크다는 점이 가장 매력적이었습니다.

운동선수를 상품 모델로 내세울 경우 선수가 좋은 기량을 보여 주면 상품의 이미지도 높아져 판매량이 늘지만 부진을 면치 못할 경우 매출도 덩달아 하락하기 마련입니다. 따라서 기업 입장에서는 선수의 기량이 계속 향상되면서 꾸준한 성적을 내는 일이 무엇보다도 중요합니다. 이런 관점에서 볼 때 나이도 어리고 연습 벌레인 마이클 조던이 나이키의 좋은 이미지를 만들어 줄 최적의 선수였습니다.

1985년 나이키와 마이클 조던은 이전에는 없었던 새로운 형태의 상품 모델 계약을 맺었습니다. 나이키가 마이클 조던의 이름을 딴 농

스포츠 마케팅 시대를 연 에어 조던

구화 브랜드인 '에어 조던'을 만드는 대가로 조던에게 모델료 이외에 제품 판매 금액의 4~5% 정도를 로열티로 지급하기로 했습니다. 나이키는 조던과 계약을 맺은 지 얼마 되지 않아 '에어 조던'이라는 농구화를 시장에 내놓았습니다.

　나이키 광고에 등장한 조던은 하늘을 날아 덩크슛dunk shot *을 넣은 뒤 근엄한 목소리로 "누가 인간이 날 수 없다고 하는가?"라고 말하며 마치 '에어 조던'을 신으면 누구라도 멋진 덩크슛을 할 수 있다는 환상을 심어 주었습니다. 마이클 조던이 등장하는 멋진 광고를 본 청

* 높이 뛰어올라 바스켓 위에서 공을 내리꽂듯이 넣는 숏

소년들은 '에어 조던' 신발을 사기 위해 나이키 매장으로 몰려갔습니다. '에어 조던'은 다른 농구화에 비해 2~3배나 비싼 값이었지만 마이클 조던처럼 멋진 농구 선수가 되고 싶었던 청소년들은 부모를 졸라서라도 '에어 조던'을 손에 넣으려고 했습니다.

농구화 '에어 조던'은 등장 첫해인 1985년에만 1억 3,000만 달러 이상 팔리며 나이키를 부활시키는 일등 공신이 되었습니다. 스포츠 용품 시장에서 퇴출 위기에 몰렸던 나이키는 '에어 조던' 덕에 다시 성장 궤도에 진입했습니다. 마이클 조던이 농구 선수로서 해마다 성장하자 '에어 조던'의 판매량도 덩달아 늘어났습니다. 농구 황제로 등극한 조던의 일거수일투족은 언론 보도의 대상이 되었고, 그때마다 조던이 신은 나이키 농구화는 자연스럽게 방송을 타고 사람들의 뇌리에 남게 되었습니다.

조던은 '에어 조던'을 알리려고 일부러 농구 시합에 검은색 '에어 조던'을 신고 나가기도 했습니다. NBA 규정에 따라 같은 팀 선수들은 같은 색깔의 농구화를 신어야 했는데, 당시 마이클 조던이 속한 팀의 농구화는 흰색이었습니다. 만약 농구화 색깔에 관한 규정을 어길 경우 경기마다 벌금 5,000달러를 물어야 했지만 나이키와 조던은 기꺼이 벌금을 냈습니다. 모두가 하얀 농구화를 신고 있는 경기에서 마이클 조던 혼자만 검은색 농구화를 신을 경우 경기장을 찾은 관중과 TV로 지켜보는 시청자의 눈에 단번에 띄기 때문에 이보다 더 좋은 광고는 없었습니다.

나이키는 '에어 조던'을 이용해 돈을 벌 기회를 놓치지 않기 위해 계속 신제품을 내놓으며 소비자의 지갑을 열려고 했습니다. 하지만 미국 청소년들이 마이클 조던을 우상으로 여기는 일은 적지 않은 부작용을 몰고 왔습니다. 나이키가 평일 날 '에어 조던' 신상품을 내놓자 청소년들은 신발을 손에 넣기 위해 학교를 결석하고 나이키 매장으로 달려갔습니다. 한 켤레에 수백 달러에 이르는 값비싼 농구화를 부모들이 사 주지 않자 나이키 매장에 침입해 강탈하는 사람도 등장했고, '에어 조던'을 신고 있는 청소년의 신발을 뺏는 일도 수없이 벌어졌습니다.

마이클 조던이 스포츠계에 미친 영향

1993년 농구 코트를 떠나 프로 야구 마이너리그에서 잠시 활동하던 마이클 조던은 1995년 3월 기자 앞에서 NBA로 돌아가겠다는 선언을 하며 17개월간의 방황을 끝냈습니다. 그의 복귀 선언을 나이키가 가장 먼저 환영했습니다. 마이클 조던이 NBA를 떠나 마이너리그를 전전하는 동안 농구화 '에어 조던'의 판매량 역시 부진을 면치 못해 나이키로서는 손해가 이만저만이 아니었습니다. 그가 NBA로 복귀를 선언한 날, 뉴욕 증시에서 나이키의 주가는 상한가를 치며 그동안의 부진을 단번에 털어 냈습니다.

NBA로 돌아온 마이클 조던은 농구 황제라는 명성답게 코트 위에서 종횡무진 활약하며 소속 팀 시카고 불스를 프로 농구 최고의 팀에 올려놓았습니다. 그가 이끈 시카고 불스는 1996년부터 1998년까

시카고 불스를 정상에 올려놓는 동시에
프로 농구의 전성기를 이끈 마이클 조던

지 3년 연속 우승을 차지하면서 NBA 최고의 팀이라는 사실을 증명했습니다. 그러나 2000년대에 들어서자 농구 황제도 세월을 이기지 못하고 점차 기량이 쇠퇴하기 시작했습니다. 기량이 예전만 못해지고 젊은 선수들과 뛰는 것이 버거워지자 마이클 조던은 2003년 농구 코트를 영원히 떠났습니다. 그는 20년 가까이 프로 농구 선수로 활약하면서 누구도 따라 하기 힘든 여러 가지 불멸의 업적을 남겼습니다. 그가 미국 프로 스포츠 역사에 미친 가장 큰 영향은 스포츠 스타 마케팅 시대를 연 것이었습니다. 선수 생활을 하는 동안 NBA에서 최고로 대우를 받았지만, 그가 농구 선수로 벌어들인 돈은 9,300만 달러에 불과했습니다. 대신 나이키를 비롯해 게토레이, 코카콜라 등 수많은 광고에 모델로 등장한 대가로 17억 달러가 넘는 돈을 벌었습니다.

마이클 조던은 세계 스포츠 역사상 최초로 10억 달러 이상의 재산을 모은 운동선수 출신의 억만장자가 되었습니다. 스포츠 스타를 처음으로 광고 모델로 활용해 대성공한 나이키를 지켜본 기업들은 앞다투어 스포츠 스타를 광고 모델로 내세워 톡톡한 홍보 효과를 보고 있습니다. 요즘 스포츠 스타들의 주 수입원은 소속 팀으로부터 받는 연봉이 아니라, 광고 수입일 정도로 운동선수와 광고는 밀접한 관계에 있습니다.

스포츠 스타를 활용하는 마케팅이 성공만을 불러온 것은 아니었습니다. 운동선수의 인기에 지나치게 의존할 경우 오히려 기업에 독이 되는 사례가 속출하고 있습니다. 나이키는 마이클 조던을 광고 모델로 삼아 효과를 보자, 1996년에는 골프 황제 타이거 우즈Tiger Woods와 광고 계약을 맺었습니다. 나이키는 청소년을 상대로 운동화를 판매하는 것보다 부유한 성인을 대상으로 골프화, 골프채, 모자, 티셔츠

프로 농구의 살아있는 전설이 된
마이클 조던

타이거 우즈의 몰락으로 매출에 악영향을 받은 나이키

등 각종 골프용품을 파는 것이 회사에 더 큰 이익을 가져다줄 것으로 판단했습니다.

당시 골프용품 시장에는 이미 뛰어난 품질을 지닌 제품을 생산하던 여러 업체가 있었기 때문에 후발 업체인 나이키로서는 비장의 무기 없이는 도저히 시장을 개척할 수 없는 상태였습니다. 이에 나이키는 당시 골프 황제로 추앙받던 타이거 우즈와 계약을 맺고 골프용품 시장의 문을 두드렸습니다.

타이거 우즈가 나이키 용품을 들고 나와 골프계를 평정하자 나이키는 순식간에 업계 선두권으로 치고 올라오면서 입지를 구축했습니다. 그러나 나이키는 타이거 우즈의 몰락에 영향을 받으면서 긴 침체기로 들어섰습니다. 타이거 우즈가 온갖 추문을 일으키고 부상으로 예전만 못한 성적을 거두자 사람들은 타이거 우즈와 함께 나이키의 골프용품까지 외면했습니다.

또한 업체에서 스포츠 스타에게 한 해 수천만 달러에 달하는 모델료를 지급하기 위해 상품 가격을 올리자 소비자들이 피해를 보게 되었습니다. 나이키, 아디다스, 푸마 등 선진국의 스포츠용품 생산 업체들은 인건비 절감을 위해 주로 방글라데시, 캄보디아, 베트남 등 가난한 나라에 생산 공장을 두고 있는데, 현지 공장 근로자에게 지급되어야 할 임금이 스포츠 스타의 주머니로 들어가고 있습니다. 스포츠 스타들이 가난한 나라 생산직 근로자 수천 명의 연봉보다 많은 돈을 손쉽게 벌어들이면서 이를 비판하는 목소리가 끊이지 않고 있습니다.

세계 모든 인종이 실력을 겨루는 국제 무대가 된 NBA

미국 국민에게 가장 인기 있는 프로 스포츠는 단연 미식축구입니다. 미국적인 색채가 강한 미식축구는 비싼 입장권에도 불구하고 경기가 열릴 때마다 매진을 이어 가고 있습니다. 하지만 미식축구의 인기는 미국 영토를 벗어나지 못한다는 한계가 있습니다. 종목 자체를 처음부터 미국인의 입맛에만 맞춰 만들었기 때문입니다.

프로 야구 또한 미국인의 사랑을 듬뿍 받는 종목이지만 미국과 중남미, 동아시아 일부 국가에서만 활성화되었습니다. NBA도 1970년대까지는 경기를 생중계해 줄 방송국을 섭외하기조차 힘들 정도로

농구에 유리한 신체 조건을 지닌 흑인

사정이 열악했습니다. NBA가 미국 국민의 사랑을 받지 못한 가장 큰
이유는 NBA 농구 선수 중 흑인의 비율이 너무 높았던 까닭입니다.

흑인이 프로 농구계를 장악하게 된 이유는 흑인의 신체가 농구에
적합했기 때문입니다. 일반적으로 사람의 근육은 수축·이완 속도가
빠른 속근과 이에 비해 상대적으로 느린 지근으로 이루어져 있습니
다. 지근이 발달한 사람은 지구력이 좋아 오랫동안 운동할 수 있는 장
점이 있지만 순간적인 스피드나 점프 능력은 떨어지게 됩니다. 반면
속근이 발달한 사람은 순간적으로 폭발적인 스피드를 내거나 높이
점프할 수 있지만 지구력이 부족해 오랜 시간 운동할 수가 없습니다.

흑인은 다른 인종에 비해 속근이 발달해 있습니다. 이런 이유 때문
에 순간적인 스피드와 점프 능력이 필요한 농구에서 흑인은 다른 인

종보다 기본적으로 신체적 우위에 있습니다. 동양인이나 백인이 제자리높이뛰기를 할 경우 30~40cm 정도밖에 못 뛰지만 흑인은 1m 이상을 가뿐히 뛸 수 있습니다.

또한 흑인은 골밀도가 높고 체지방 비율이 낮은 근육질의 건강한 신체를 타고났습니다. 흑인의 신체적 우위는 곧바로 실력의 우위로 나타나 NBA 선수 중 80%가량이 흑인으로 이루어지게 되었습니다. 농구 코트가 흑인 선수로 북적이자 NBA는 백인의 관심에서 멀어져 갔습니다. 이 같은 문제를 해결하기 위해 1984년 NBA 총재직에 오른 데이비드 스턴은 다양한 시도에 나섰습니다.

스턴이 가장 중점을 둔 것은 NBA의 문호를 활짝 여는 일이었습니다. 이미 유럽, 아시아, 아프리카 등 세계 각지에서 수준 높은 프로 농구나 실업 리그가 운영되고 있었기 때문에 스턴은 전 세계에서 기량이 출중한 선수를 영입하는 일에 앞장섰습니다. 1970년대 NBA에서 활동한 외국 선수는 1~2명에 불과했지만 2000년대에 들어서는 전체 NBA 선수 중 20%가 넘는 100명 이상의 선수가 미국 무대에 서게 되었습니다.

오스트레일리아, 프랑스, 영국, 중국, 러시아, 스페인, 캐나다, 멕시코, 이탈리아, 세르비아 등 40개국이 넘는 나라에서 뛰어난 실력을 갖춘 선수들이 NBA로 몰려왔습니다. 이에 NBA에서 흑인이 차지하는 비중이 70%대로 낮아지면서 NBA는 모든 인종이 실력을 겨루는 국제 무대가 되는 동시에 수준이 크게 향상되었습니다.

또한 스턴은 새로운 매체인 인터넷을 적극적으로 이용해 농구 팬

세계적으로 인기를 누리는 미국 프로 농구

을 늘려 나갔습니다. 인터넷이 활성화되기 이전인 1990년대 전반까지만 하더라도 외국 팬이 NBA 경기를 보기란 쉽지 않았습니다. 농구 경기를 보기 위해 직접 미국으로 가는 것 이외에는 별다른 방법이 없었는데 인터넷이 등장하면서 언제 어디에서나 NBA 사이트에 접속해 경기를 볼 수 있게 되었습니다.

　NBA 사이트에서는 언어 40여 개로 서비스를 제공하며 이를 통해 10억 명 이상이 농구 경기를 실시간으로 시청할 수 있습니다. 스턴은 박진감 넘치는 NBA 실제 경기를 전 세계 팬들에게 보여 주기 위해 팬 층이 두터운 나라를 중심으로 시범 경기나 정규 경기를 치르도록 했습니다. 특히 NBA에서 활동하는 외국 선수의 모국에서 시범경기를 펼칠 경우 해당 선수를 반드시 참가시켜 구름 떼 같은 관중을 끌어모았습니다. 이 같은 스턴의 노력으로 NBA는 프로 야구나 미식축구에 비하면 훨씬 국제화되어 세계인의 관심을 받게 되었습니다.

걸어 다니는 만리장성, 야오밍

14억 인구를 가진 중국은 NBA가 꼭 진출하고 싶은 시장이었지만 권력을 잡은 공산당 정권의 벽을 넘기가 쉽지 않았습니다. 중국 공산당은 미국식 자본주의의 상징인 프로 스포츠가 중국에 발을 내딛는 것조차 가로막았습니다. 그런데 2000년대 이후 중국의 국력이 크게 신장하면서 태도가 바뀌기 시작했습니다. 뛰어난 능력을 갖춘 중국인 농구 선수가 NBA 무대를 휘젓고 다닌다면 이는 국위 선양을 위해 바람직한 일이었기 때문입니다.

NBA 역시 중국인 선수를 통해 NBA를 중국에 널리 알릴 수 있기 때문에 중국인 선수를 농구 코트 위에 세우는 일은 중요했습니다. 이때 등장한 인물이 야오밍 Yao Ming 입니다. 1980년 상하

당대 최고 센터 샤킬 오닐의 슛을 막아 내는 야오밍

이에서 농구 선수의 자식으로 태어난 야오밍은 농구에 천부적인 재능을 가진 사람이었습니다. 야오밍 아버지의 키는 208cm이고, 어머니는 189cm로 야오밍은 열 살 때 키가 165cm에 이르렀을 정도로 거구가 될 유전 인자를 타고났습니다.

중국 공산당은 국제 스포츠 무대에서 중국 선수가 두각을 나타내는 것을 최고의 국위 선양이라고 생각해 스포츠에 소질 있는 청소년에게 반강제로 운동을 시켰습니다. 야오밍의 부모는 모두 농구 선수 출신이었지만 IQ 132의 좋은 머리를 타고난 자식이 농구 선수가 되는 것을 원하지 않았고 공부로 성공하기를 바랐습니다. 하지만 야오밍 역시 중국 정부의 눈에 걸려들어 청소년 시절부터 공부 대신 농구를 해야 했습니다.

야오밍은 키가 229cm에 이르러 농구 선수로서는 더할 나위 없이 좋은 경쟁력을 갖추었습니다. 일찌감치 국가 대표로 선발된 야오밍은 국제 무대에서 유감없이 실력을 발휘했으며 1997년부터 2002년까지 중국 프로 농구단 상하이 샤크스Shanghai Sharks에서 주전으로 뛰었습니다. 그렇지만 당시까지만 하더라도 중국에서 농구는 비인기 종목이어서 야오밍을 보기 위해 경기장을 찾는 사람은 그리 많지 않았습니다.

그런데 2002년 야오밍이 NBA 소속 휴스턴 로키츠Houston Rockets에 스카우트되면서 중국에 농구 열풍이 불기 시작했습니다. 장신에다가 흑인 못지않은 유연성과 능력을 갖춘 야오밍은 데뷔 첫해부터 코트 위를 누비고 다녔습니다. 키가 워낙 크다 보니 조금만 점프해도 덩크슛을 쉽게 넣을 수 있었고 신속성도 빨라 농구 선수로서 완벽한 자질을 보여 주었습니다.

　야오밍이 미국 무대에서 종횡무진 활약을 펼치고 미국 언론이 '중국의 조던'이나 '걸어 다니는 만리장성'이라고 치켜세우자 중국 사람들은 크게 고무되었습니다. 중국 방송사들은 앞다투어 야오밍의 경기를 중계했고 그의 활약을 보기 위해 중국인 3억 명이 TV 앞에 앉았습니다. 야오밍의 미국 진출은 곧 NBA의 중국 진출을 의미했습니다. NBA는 야오밍 덕분에 단번에 3억 명에 달하는 시청자를 확보했고 이는 곧바로 수입 증가로 이어졌습니다.

　야오밍은 2011년까지 9년 동안 NBA에서 활약하면서 3억 달러 이

최상급 기량을 선보인 야오밍

상을 벌었지만 NBA는 이보다 몇 배나 많은 돈을 중국인에게서 거두어들였습니다. 중국 방송사들은 야오밍이 뛰는 NBA 경기를 중계하기 위해 막대한 중계권료를 NBA에 지급했고 중국인들은 NBA가 제작한 야오밍의 유니폼을 사기 위해 많은 돈을 냈습니다.

야오밍의 NBA 진출로 미국과 중국이 얻은 이익은 이뿐만이 아니었습니다. 그동안 미국인의 머릿속에 중국인은 '키가 왜소하고 소심한 사람'이라는 부정적인 이미지가 있었습니다. 그러나 미국 농구 선수보다 키가 큰 야오밍의 활기찬 플레이 덕분에 부정적인 고정 관념이 많이 사라졌습니다. 미국 역시 NBA를 통해 미국 문화의 역동성을 중국에 알릴 수 있었으며 이로 인해 양국 간의 문화적 이질감이 크게 줄어들었습니다.

야오밍은 8시즌 동안 486경기에 출전해 경기당 19득점을 올리는 뛰어난 성적을 거두었습니다. 또한 정규 리그에서 최고의 기량을 보여 준 선수만 뽑히는 올스타에도 8차례나 선발되었습니다. 2011년 야오밍이 은퇴하자 소속 팀인 휴스턴 로키츠는 그의 업적을 기리기 위해 야오밍의 등 번호인 11번을 영구 결번으로 남겨 두었습니다. 휴스턴시는 미국과 중국 간의 스포츠 교류에 큰 역할을 한 공로로 야오밍을 친선 대사로 임명하고 2월 2일을 '야오밍의 날'로 정했습니다. 또한 야오밍은 2016년 동양인으로서는 최초로 미국 프로 농구 명예의 전당에 입성하는 영광을 누렸습니다.

평양을 방문한 코트의 악동, 데니스 로드맨

NBA의 역사가 70년이 넘고 소속된 팀도 30개나 되다 보니 그동안 다양한 성향의 선수가 배출되었습니다. 이들 중 1990년대 시카고 불스에서 마이클 조던과 함께 맹활약을 펼친 데니스 로드맨Dennis Rodman은 여러 가지 기이한 행동을 일삼는 선수로 유명했습니다. 그는 선수 생활을 하는 동안에도 경기장에서 상대 팀 선수를 폭행하고 욕설을 퍼붓는 등 끊임없이 물의를 일으켜 '코트의 악동'이라는 별명을 얻었습니다. 로드맨은 2000년 NBA에서 은퇴한 이후에도 음주 운전이나 뺑소니 등 온갖 범죄를 저지르며 사람들의 입방아에 오르내렸습니다.

2013년 2월 로드맨이 스포츠 외교 사절 자격으로 평양을 방문하겠다고 말하자 많은 미국인이 놀랐습니다. 현역 시절은 물론 은퇴 뒤에도 사고를 내던 로드맨이 북한을 방문해 그동안 누구도 하지 못한 미국과 북한의 관계를 개선하겠다고 말했지만 국민 대부분은 그의 말을 믿지 않았습니다. 그러나 로드맨은 "나의 임무는 적대 관계에 있는 양국의 얼음장 같은 분위기를 깨는 것이

코트의 악동으로 불린 데니스 로드맨

북한을 방문해 구설수에 오른 데니스 로드맨

며 나는 세계 평화를 위해 중요한 역할을 할 수 있다."라고 장담했습
니다.

로드맨이 북한의 초대를 받은 이유는 북한의 독재자 김정은이 농
구광이었기 때문입니다. 김정은은 스위스에서 유학 생활을 하는 동
안 로드맨의 팬이 되었습니다. 미국은 로드맨이 북한의 선전 도구로
이용될 것을 우려해 방북에 대해 부정적인 시각을 드러내며 만류했
지만 로드맨은 이에 개의치 않았습니다. 당시 양국은 북한의 핵 개발
문제로 극단적인 대치 상태에 있었습니다.

로드맨이 북한을 방문하자 북한은 대대적인 환영 행사를 열며 그
를 환대했습니다. 로드맨은 김정은과 만나서 농구공으로 묘기를 선
보이며 호감을 샀습니다. 방북 뒤 로드맨은 미국 언론과 한 인터뷰에

서 김정은과 북한에 대한 찬사를 늘어놓았습니다. "많은 사람이 김정은을 세계에서 가장 나쁜 사람이라고 말하지만 그는 미국에 위협만 했을 뿐, 미국 영토 어디에도 폭탄을 떨어뜨리지 않았다. 김정은은 핵무기 개발에 관심이 없고 미국과 하는 대화를 원한다. 또한 서방 세계가 김정은을 무력 도발을 일삼는 독재자로 여기는 것은 오해다."라고 말하며 북한을 두둔해 비난을 받았습니다.

로드맨은 자신을 지미 카터 전 대통령처럼 평화의 사도로 생각했지만 그가 북한에서 벌인 기행이 세상에 드러나면서 미국을 비롯한 전 세계인의 비난을 피할 수 없게 되었습니다. 그는 북한에서 국제 평화를 위해 노력한 것이 아니라, 김정은과 함께 초호화 요트를 타고 김정은의 개인 섬으로 놀러가 음주 파티와 제트 스키 등 온갖 유흥을 즐기다가 미국으로 돌아왔습니다. 김정은의 생일날에는 농구장에서 수많은 사람이 지켜보는 가운데 김정은에게 90도로 허리를 굽혀 인사하고 생일 축가를 부르기도 했습니다.

로드맨은 김정은에게 명품 핸드백, 고급 위스키 등 선물을 1만 달러어치 바쳤는데, 이는 유엔의 대북 제재 규정을 정면으로 위반하는 행위였습니다. 북한 주민 대다수가 김정은의 폭압 정치로 고통받고 있는 상황에서 별다른 문제의식 없이 독재자 김정은과 유흥을 즐긴 로드맨을 곱게 볼 사람은 없었습니다.

미국 의회는 "로드맨은 북한 주민이 굶주림을 겪고 인권 탄압을 받는 현실에 대해 무지한 것 같다."라고 비판했습니다. 연방 상원 의원

존 매케인John McCain은 "로드맨은 지적 능력이 떨어지는 멍청이다."라고 원색적으로 비난했습니다. 로드맨은 방북 사건으로 미국 국민에게 비난을 받자, "순수한 마음에서 시작한 행동이 사람들에게 상처를 주었다면 사과하겠다."라고 말했습니다. 그러나 2018년 역사상 최초로 도널드 트럼프 대통령과 김정은이 만나자 로드맨은 자신이 양국 정상 간의 만남에 일정한 기여를 했다며 스스로를 치켜세웠습니다.

인종 차별에 대한 무관용 원칙

NBA 농구 선수의 70% 이상이 흑인이지만 구단주는 대부분 억만장자인 백인입니다. NBA 구단을 사려면 적어도 10억 달러 넘는 인수 자금이 필요한데, 여유 자금을 이만큼 가진 흑인은 거의 없습니다. 대부분 사회에서 큰 성공을 거둔 백인 구단주는 흑인 농구 선수를 무시하는 경향이 있습니다.

백인 구단주의 입장에서 흑인 선수는 돈을 벌어다 주는 고마운 존재이기는 하지만 못 배우고 몸만 쓸 줄 아는 무식한 사람이었습니다. IQ가 132인 야오밍이 현역 선수로 뛰던 시절 NBA 흑인 선수의 평균 IQ가 83이라는 조사 결과가 발표된 적이 있습니다. 이 소식이 중국에 알려지자 중국의 인터넷 사이트에는 '그동안 중국 인민의 영웅 야오밍이 흑인 저능아들과 농구 경기를 했단 말인가?'라는 내용의 글이 수없이 올라왔습니다. 국가에 따라서는 이런 종류의 댓글이 별다른 문제가 되지 않을 수 있지만 인권이라는 가치가 중시되는 미국에서는 패가망신할 수도 있는 중대한 범죄가 됩니다.

실제로 2014년 4월 NBA 로스앤젤레스 클리퍼스Los Angeles Clippers 구단주 도널드 스털링Donald sterling은 인종 차별적 발언으로 모든 것을 한 번에 잃었습니다. 1981년부터 33년 동안 로스앤젤레스 클리퍼스팀의 구단주였던 스털링은 SNS에서 사진 한 장을 보고 격분했습니다. SNS에는 50살 연하의 애인 스티비아노Stiviano가 왕년의 농구 스타 매직 존슨Magic Johnson과 다정한 모습으로 찍은 사진이 올라와 있었습니다. 화가 머리끝까지 치민 스털링은 애인과 전화를 하면서 흑인에 대한 인종 차별적 발언을 쏟아 냈습니다.

스털링은 멕시코인과 흑인 사이의 혼혈인 애인에게 "흑인을 나의 경기장에 데려오지 마라. 흑인은 더럽고 역겨우며 냄새도 심하다."라고 막말을 했는데 그의 목소리가 애인의 휴대전화에 고스란히 녹음되었습니다. 스티비아노는 스털링에게 음성 녹음을 세상에 폭로하지

매직 존슨과 사진을 찍은
스티비아노(오른쪽)

도널드 스털링(오른쪽)
과 스티비아노(왼쪽)

않는 대가로 거액을 요구했지만 스털링은 그녀의 요구를 단번에 거절했습니다. 이에 스티비아노는 음성 녹음을 TMZ라는 언론 매체에 돈을 받고 넘겼습니다. TMZ는 독자를 끌어들이기 위해 선정적인 기사 위주로 과장 보도를 일삼는 회사였습니다.

TMZ가 두 사람의 대화 중 사람들의 관심을 끌 만한 스털링의 발언을 짜깁기해서 내보내자 흑인 농구 선수들이 들고 일어났습니다. 스털링은 자신의 발언에 대해 사과하면서도 "나는 공개적으로 흑인을 비하한 것이 아니라 개인 간의 사적 대화에서 흑인을 비하했을 뿐이다."라고 항변했습니다. 그렇지만 흑인 선수를 중심으로 선수들이 동맹 파업에 나설 움직임을 보이는 등 사태가 심상치 않게 흘러가자 NBA는 스털링을 상대로 NBA 역사상 가장 강력한 조치를 했습니다. NBA는 스털링을 협회에서 영구 제명하고 농구단을 매각하라는 명령을 내렸습니다. 이에 스털링은 "농구단은 엄연히 개인의 사유 재산

이기 때문에 NBA 측이 매각하라고 강요할 권한이 없다."라며 법정 투쟁에 나섰습니다.

2014년 7월 마침내 법원의 판결이 나왔습니다. 법원은 '모든 구단의 선수와 관계자는 NBA의 명예에 악영향을 끼치는 행위를 해서는 안 되며, 이를 위반할 경우 NBA에서 퇴출될 수 있다.'라는 규정을 준수하지 못한 스털링에게 NBA가 구단의 강제 매각 명령을 하는 것은 정당하다는 판결을 내렸습니다. 당시 버락 오바마 대통령은 스털링을 향해 "무식한 사람은 꼭 무식을 티내려고 한다."라는 다소 과격한 말을 하기도 했습니다. 결국, 스털링은 33년간 운영해 왔던 농구단을 매각해야 했고 NBA 무대에서 퇴출되는 망신을 당했습니다.

구단 흥행 수입을 좌우하는 백인 관객에게 팬서비스를 하는 르브론 제임스

인종 차별자로 몰려 퇴출당한
브루스 레벤슨

같은 해 또 다른 인종 차별 사건이 NBA를 곤혹스럽게 만들었습니다. 애틀랜타 호크스 Atlanta Hawks 구단주 브루스 레벤슨Bruce Levenson은 지인에게 보낸 이메일에 '관중을 늘리려면 교외 지역에 사는 백인을 끌어 모아야 한다. 남부 지역 백인은 흑인으로 가득 찬 경기장에 오려고 하지 않는다.'라는 글을 남겼습니다. 레벤슨 구단주가 이런 생각을 하게 된 데는 나름대로 이유가 있었습니다. 애틀랜타 호크스 구장은 흑인이 밀집한 우범 지대에 있었기 때문에 백인이 오기를 꺼렸습니다. 게다가 관중의 70% 이상이 흑인이다 보니 경기장에서 백인은 위축될 수밖에 없었습니다. 이에 레벤슨은 백인이 거주하고 치안 상태가 양호한 교외 지역으로 경기장을 이전해 부유한 백인 손님을 대거 유치하려고 했습니다. 그는 경기장 내에서 백인이 좋아하는 컨트리 음악을 틀고 백인 치어리더를 고용하면 분명히 백인이 경기장을 찾을 것으로 판단했습니다. 부자들이 경기장을 찾아야 비싼 좌석의 티켓이 많이 팔리고 기념품 수입도 늘어나기 때문입니다.

레벤슨의 이메일이 세상에 공개되면서 그는 스털링과 같은 인종 차별주의자로 몰려 여론의 뭇매를 맞았습니다. NBA는 일벌백계 차원에서 레벤슨에게도 구단을 매각하라는 명령을 내렸습니다. 이와 같이 흑인 선수들이 주도권을 쥐고 있는 NBA에서는 인종 차별 문제를 엄하게 다룹니다. 실수를 단 한 번도 용서하지 않는 '무관용 원칙'이 NBA의 기본 원칙으로 자리 잡고 있습니다.

팬들과 함께 성장하는 농구 산업

미국의 프로 스포츠는 연간 수백억 달러에 이르는 매출을 올리는 거대한 산업입니다. 또한 스포츠용품, 광고, 선수 에이전트 등 프로 스포츠와 관련된 분야까지 아우르면 수천억 달러에 육박하는 큰 시장을 형성하고 있습니다. NBA만 하더라도 구단들은 입장료 수입 이외에도 광고 수입, 기념품 판매, 간식 판매, 유료 주차장 운영 등 갖가지 수익 사업을 통해 수익을 올리고 있습니다.

NBA의 가장 큰 수입원은 TV 중계권료입니다. 2014년 NBA는 9년 동안 240억 달러를 받는 초대형 TV 중계권료 계약을 성사시키며 프로 농구가 미국을 대표하는 인기 스포츠임을 증명했습니다. 전체 중계권료를 연간으로 따지면 26억 달러가 넘는데, 이는 프로 야구가 받는 15억 달러를 크게 웃돌아 미국 내에서 농구의 인기를 실감할 수 있습니다.

미국에서 프로 농구가 발전을 거듭하는 이유는 치밀한 준비가 있

해마다 막대한 방송 중계료를 받는 NBA

었기 때문입니다. NBA는 원래 전반전과 후반전으로 나뉘었던 농구 규칙을 4쿼터로 나누었습니다. 이는 중간에 광고를 넣기 위해서였습니다. 또한 각 팀은 쿼터당 작전 시간을 3차례 요청할 수 있는데 감독은 중간 광고를 넣기 위해 큰 점수 차로 앞서가고 있는 유리한 상황에서도 작전 시간을 가집니다. 감독이 선수들을 불러 모아 의미 없는 이야기를 늘어놓는 동안 TV 광고가 시청자들의 눈을 사로잡습니다. 작전 시간이 빈번하면 경기의 흐름을 끊어 놓게 되지만, 농구를 통해 돈을 버는 것이 유일한 목적인 프로 농구의 세계에서 이 정도는 문제가 되지 않습니다.

이외에도 NBA는 경기가 흥미롭게 진행될 수 있도록 반칙에 관한 규정도 완화해 놓았습니다. 국제 농구 규정에 따르면 선수가 한 경기에서 5번 반칙을 저지르면 자동으로 퇴장하는데 반해, NBA는 반칙을 6번 해야 퇴장됩니다. 다만 NBA는 프로 농구 리그의 존속과 발전을 위해 NBA 이미지를 실추시키는 행동을 하는 사람은 선수나 구단 관계자를 불문하고 모두 퇴출시킵니다. 이와 같이 NBA는 미국식 자본주의 운영 원리인 능력과 그에 따른 합당한 보상을 기반으로 돌아가고 있습니다. 또한 선수들이 성공을 위해 펼치는 열정적인 플레이로 인해 해마다 인기를 더해가고 있습니다.

★

페어플레이와 올바른 사생활 관리를 위해 벌금으로 통제하는 NBA

오늘날 NBA는 세계적으로 인기를 누리는 스포츠이지만 1970년대까지는 프로 야구와 미식축구에 밀려 큰 인기를 누리지 못했다. 농구 선수들은 경기장에서 거친 플레이를 벌이기 일쑤여서 경기가 끝나면 부상자가 속출했다. 심판이 보지 않을 때 상대 선수에게 욕설하는 것은 물론 손가락으로 눈을 찌르는 등 온갖 반칙이 난무했다. 또한 선수들의 경기장 밖 생활도 반듯하지 못해 마약에 찌든 사람이 부지기수였다.

그러나 1984년 데이비드 스턴이 NBA 총재가 되면서 모든 것이 바뀌었다. 스턴은 NBA 선수들의 페어플레이와 올바른 사생활 관리를 위해 거액의 벌금 제도를 도입하였다. 마약을 상습 복용할 경우 아무리 슈퍼스타라도 영구 제명하는 초강수를 두었다. 상대방 선수를 고의로 다치게 하거나 관중 또는 심판을 모욕할 때도 예외 없이 벌금을 부과했다.

2017년 당시 최고 스타였던 스테판 커리Stephen Curry가 심판의 판정에 불만을 품고 마우스피스를 던지자 벌금 5만 달러를 부과하기도 했다. 관중을 향해 욕설을 퍼부은 선수에게도 벌금 수만 달러를 부과했으며 심지어 경기장 밖에서 스노보드를 타다가 다친 선수에게도 자기 관리에 철저하지 못했다는 이유로 벌금을 부과했다.

벌금은 선수에게만 적용되는 것이 아니다. 2002년 댈러스 매버릭스의

최고의 스타임에도
벌금을 내야 했던
스테판 커리(오른쪽)

구단주 마크 큐반Mark Cuban은 경기에서 패하자 심판이 파울을 제대로 잡
아내지 못해서 졌다고 판단했다. 이에 분노한 큐반은 심판을 향해 "저런
심판은 패스트푸드점 매니저 역할도 못 할 것이다."라는 독설을 쏟아 냈
다. 이로 인해 큐반은 NBA의 명예를 훼손했다는 이유로 벌금 50만 달러
를 물어야 했다. 이후 미국의 한 패스트푸드 업체가 큐반을 매장의 1일
매니저로 초청했는데 넉살 좋은 큐반은 흔쾌히 제안을 받아들여 하루 동
안 패스트푸드를 팔았다. 당일 매장 앞은 유명 구단의 소유주인 큐반을
보기 위한 사람들로 붐볐다.

2012년에는 샌안토니오 스퍼스 팀의 감독이 경기에서 유명 스타 3명
을 선수 보호 차원에서 의도적으로 출전시키지 않자 스턴은 NBA 리그
와 팬들에게 피해를 주는 행동을 했다는 이유를 들어 벌금 25만 달러를
부과했다. 이처럼 스턴이 NBA의 규율을 잡기 위해 도입한 벌금 제도는
큰 효과를 발휘해 선수나 구단주가 물의를 빚는 일이 이전에 비해 크게
줄어들었다. 스턴은 자본주의의 상징인 프로 스포츠에서 벌금이야말로
가장 효과적인 통제 수단이라는 것을 증명했다.

8장

그들만의 리그,

미식축구

수익 공유 시스템의 도입, 인기 있는 프로 스포츠로의 발판을 마련하다

남다른 스포츠 문화를 가지고 있는 미국은 프로 스포츠가 발달한 나라로서 프로 미식축구NFL, 프로 야구MLB, 프로 농구NBA 등 다양한 프로 스포츠가 국민의 사랑을 받고 있습니다. 물론 다른 나라도 각국의 특성에 맞는 여러 가지 프로 스포츠가 존재하지만, 미국의 프로 스포츠만큼 국민의 뜨거운 사랑을 받는 경우는 드뭅니다. 실제로 미국인들은 국가 간 대항전보다 국내 프로 리그에 더 큰 관심을 보입니다.

4년마다 월드컵이 개최되면 지구촌 전체가 들썩이지만 예외적으로 미국의 유명 공중파 방송국에서는 생중계하지 않는 경우가 많습니다. 기껏해야 케이블 방송에서나 월드컵 경기를 구경할 수 있습니다. 미국이라는 나라는 지구촌 모든 민족이 모여 사는 만큼, 단일 민족 국민이 갖게 되는 동족 의식이 희박하기 때문에 다른 나라에 비해 국제 경기에 무관심합니다. 대신 상업성과 오락성을 겸비한 국내 프로 스포츠 리그에 열광적입니다. 그 대표적인 스포츠가 바로 미식축구입니다.

미국 최고 인기 프로 스포츠인 미식축구

　미식축구는 신대륙 개척자들이 유럽에서 들여온 축구와 럭비를 바탕으로 미국인들이 독창적으로 개발한 운동 경기입니다. 영어로 아메리칸풋볼American Football이라고 하지만 미국인들은 그냥 풋볼이라고 부릅니다. 1869년 프린스턴Princeton 대학과 러트거스Rutgers 대학 간에 치른 경기가 최초의 시합이었습니다. 1876년 하버드, 프린스턴, 예일 등 여러 명문 대학이 참여한 미식축구 연맹이 창설되면서 본격적으로 미식축구가 보급되기 시작했습니다.

　1920년 프로미식축구협회National Football League가 결성되면서 상업화에 첫발을 내디딘 프로 미식축구는 아메리칸 리그 16개 팀과 내셔널 리그 16개 팀이 결성되어, 각 리그 우승 팀끼리 챔피언 결정전을 펼치는 방식으로 구성되었습니다.

　프로 미식축구는 1950년대까지만 하더라도 비인기 스포츠였습니

미식축구의 원형인 럭비

다. 프로 야구 구장은 관객으로 발 디딜 틈 없이 문전성시를 이루는 반면 미식축구 경기장은 파리만 날리기 일쑤였습니다.

1960년 1월 피트 로젤Pete Rozelle이 미식축구 전반을 총지휘하는 책임자가 되면서 일대 변화가 생겨났습니다. 프로미식축구협회 책임자가 된 피트 로젤은 미식축구가 비인기 스포츠에서 벗어나지 못하고 있는 원인을 분석했습니다. 가장 큰 원인은 구단 간의 현격한 실력 차이였습니다. 고정 팬을 확보한 부자 구단은 경제력을 바탕으로 우수한 선수를 영입했지만 가난한 구단은 재정난으로 우수 선수 확보에

미식축구를 인기 스포츠로 만든 피트 로젤

실패했습니다.

구단 간 경제력 차이 때문에 실력 차이가 확연히 드러났으며, 경기는 부자 구단의 일방적인 승리로 끝나면서 게임의 흥미를 반감시켰습니다. 당연히 관객들은 미식축구를 외면했고 시간이 흐를수록 적자에 허덕이는 구단이 늘어났습니다. 상황을 그대로 방치할 경우 모든 미식축구 구단이 공멸할지도 모른다는 위기감이 리그 전체를 휩쓸었습니다.

이 같은 고질적인 문제를 해결하기 위해 피트 로젤은 미식축구 리그 운영에 사회주의 방식을 도입했습니다. 사회주의 국가의 대표적인 특성은 공동 생산과 공동 분배입니다. 다 함께 일해서 다 같이 나누자는 것이 사회주의의 기본 원리입니다.

피트 로젤은 구단으로 들어오는 모든 돈을 프로미식축구협회가 관리하는 수익 공유revenue sharing 시스템을 도입했습니다. 당시 인기를 누리며 수익을 올리던 소수 부자 구단은 일제히 반기를 들고 그를 빨갱이라고 비난했습니다. 반면, 선수 연봉조차 주기 버거웠던 가난한 구단 다수는 프로미식축구협회의 조치에 환영했습니다. 피트 로젤은 입장료 수입, TV 중계권료, 기념품 판매 금액 등 구단으로 들어오는 거의 모든 돈을 프로미식축구협회 계좌에 입금한 다음 32개 모든 구단에 똑같이 나누어 주었습니다. 또한 일류 선수들이 받을 수 있는 연봉의 최대치를 설정해 극소수 유명 스타에게 부가 집중되지 않도록 했습니다.

프로 스포츠에 평등주의를 도입하자 큰 변화가 일어났습니다. 가난한 구단의 재정 상태가 이전과 비교할 수 없을 정도로 나아짐에 따라 좋은 선수를 얼마든지 영입할 수 있었고, 이는 경기력 향상과 직결되었습니다. 또한 극소수 인기 선수가 싹쓸이하다시피 하던 연봉이 골고루 분배되자 전체 선수의 사기도 충만해졌습니다. 피트 로젤의 개혁 때문에 전체 미식축구 팀이 상향 평준화되었고, 이것은 곧 관객의 증가로 이어졌습니다.

5년 뒤의 입장권까지 매진된 상업 스포츠의 대명사

피트 로젤은 프로 스포츠가 대성공을 거두려면 텔레비전 중계방송을 활용해야 한다는 것을 잘 알고 있었습니다. 하지만 미식축구를 중계방송하려면 방송국의 요구를 수용해 줄 필요가 있었습니다. 방송국이 요구하는 것은 다름 아닌 경기 내내 광고를 최대한 자주 내보낼 기회를 만드는 것입니다. 일반적으로 방송국은 프로 스포츠 중계권을 획득하는 대가로 각 협회에 막대한 금액을 지급하는 대신 광고를 통해 이윤을 만들어 냅니다. 따라서 경기 도중 광고 시간을 많이 확보할 수 있어야 중계방송에 나섭니다.

세계적으로 폭발적인 인기를 얻고 있는 축구Soccer가 유독 미국에서 비인기 스포츠인 데는 나름의 이유가 있습니다. 축구는 전반전과 후반전 사이 하프 타임에만 광고를 내보낼 수 있을 뿐, 전반과 후반 각 45분의 경기 동안 단 1초도 광고를 내보낼 수 없다는 치명적인 약

미국에서는 비인기 스포츠인 축구

점을 가지고 있습니다. 이 같은 까닭에 축구는 미국 방송사들의 외면 속에 비인기 스포츠라는 불명예를 떨쳐 내지 못하고 있습니다.

　피트 로젤은 미식축구 경기 규정을 대폭 수정하여 한 경기당 최소 20차례 이상 광고를 내보낼 수 있도록 했습니다. 미식축구 중계방송 도중에 광고 수십 편을 내보낼 수 있게 되자 방송사들은 중계권을 따 내려고 치열한 경쟁을 벌였습니다. 이 과정에서 중계권료가 하늘 높은 줄 모르고 치솟았습니다.

　해마다 수십억 달러에 달하는 중계권료가 들어오자 각 구단에 분배되는 금액이 골고루 늘어나면서 구단들은 미식축구에 투자할 더 많은 여력을 갖게 되었습니다. 모든 미식축구 구단이 재정적으로 여유로워짐에 따라 선수들에게 지급하는 연봉도 높아졌습니다. 자연히

상업적인 색채가 강한 미식축구

운동에 소질이 있는 유망주들이 야구나 농구 대신 미식축구를 선택했습니다. 미식축구의 수준이 계속 향상되었고 이는 다시 관객 증가로 이어지는 선순환 고리를 만들었습니다. 각 구단의 전력이 상향 평준화됨으로써 매번 경기마다 손에 땀을 쥐고 봐야 할 정도로 경기는 흥미진진해졌습니다. 이는 1960년대 수익 공유제가 시행된 이후 32개 구단 중 어느 팀도 3년 연속 챔피언 타이틀을 차지하지 못한 사실에서도 쉽게 확인할 수 있습니다.

미식축구 인기의 비결 중 또 다른 요인은 경기 수가 매우 적다는 점입니다. 경쟁 스포츠인 프로 야구는 1년 내내 162경기를 펼치기 때문에 매번 흥미진진할 수가 없습니다. 가족 또는 친구와 함께 야구장을 방문해 경기를 즐기는 것은 생활의 일부로, 평범한 일상에 지나지 않습니다. 이에 비해 1년에 단 16경기밖에 치르지 않는 미식축구는 각각의 경기가 결승전이나 다름없어, 경기장은 항상 열성 팬으로 발을 들여놓을 데가 없을 정도로 꽉 찹니다. 한 경기도 간과할 수 없는 미식축구 관객들의 몰입도는 야구와 비교할 수 없을 정도로 높습니다.

미식축구가 미국 내에서 최고의 인기를 얻다 보니 미식축구협회는 "경기장 입장권이 단 한 장이라도 팔리지 않고 남아 있다면 우리는 TV 중계를 하지 않을 것이다."라고 큰소리치고 있습니다. 미식축구협회의 자신감 피력에는 나름대로 이유가 있습니다. 이미 5년 뒤에 열리는 경기 입장권까지 매진되었기 때문입니다.

세계 최고 인기 스포츠 축구, 미국에 도전장을 내밀다

미식축구가 지구상에서 오직 미국 사람들만 열광하는 지역 스포츠로 남아 있는 까닭은 그들의 정서나 가치관과 맞아 떨어지기 때문입니다. 미국의 역사는 개척의 역사로서 동부에서 서부로 영토를 확장해 가면서 성장해 세계에 막대한 영향력을 행사하고 있습니다. 미식축구는 미국 사람들의 개척 정신이 녹아들어 가장 미국적인 스포츠로 사랑받게 되었습니다. 그러나 미국 땅을 벗어나는 순간 축구가 명실공히 최고의 인기 스포츠 지위를 차지하고 있습니다.

유럽과 남미 대륙은 물론 아프리카, 아시아 등 거의 모든 대륙에서 축구는 많은 사랑을 받는 인기 스포츠입니다. 세계 최대 인구 대국 중국마저도 경제 개방 이후 프로 축구 리그가 탄생하면서 열기를 더

하고 있습니다. 축구를 통한 돈벌이에 혈안이 되어 있는 국제축구연맹FIFA은 미국에 축구 열기를 불어넣기 위해 그동안 많은 공을 들였지만 미식축구의 그늘에 가려 제대로 기를 펴지 못했습니다.

국제축구연맹이 미국 시장 개척에 애쓰는 것은 일단 축구가 미국의 인기 스포츠로 자리 잡으면 엄청난 금액의 월드컵 중계권료를 미국 방송국으로부터 얻어 낼 수 있기 때문입니다. 사실 미국에 축구가 선을 보인지는 꽤 오래되었습니다. 축구 종주국 영국 이민자들에 의해 19세기 말부터 미국 전역에 축구가 보급되었고 미국은 1930년 우루과이에서 개최된 초대 월드컵 대회에 참가해 3위라는 업적을 이룩하기도 했습니다. 또한 비록 실패로 막을 내렸지만 1967년 북미축구리그NASL를 창설해 당대 최고의 선수였던 브라질의 펠레Pele, 독일의 베켄바우어Franz Beckenbauer 등 유명 선수를 대거 영입해 분위기를 띄워보려고 했습니다.

1984년 북미축구리그 자체가 도산하면서 미국은 다시 축구 불모지로 변했습니다. 그런데 1994년 미국이 월드컵을 개최하면서 새로운 가능성이 싹트기 시작했습니다. 월드컵 경기를 치르기 위해 세계적인 축구 선수가 미국으로 집결하자, 미국 사람 사이에 축구에 대한 호기심이 생겨났습니다.

미국축구협회는 100년에 한 번 올까 말까 한 기회를 놓치지 않기 위해 '메이저리그 사커Major League Soccer'라는 프로리그를 출범시켰고, 흥행을 위해 당대 세계 최고의 축구 선수로 칭송받은 영국의 데이비드 베컴David Beckham을 영입했습니다.

슈퍼스타 데이비드 베컴도 살리지 못한 미국의 축구

데이비드 베컴은 세계에서 가장 많은 여성 팬을 확보한 축구 스타이고, 그의 아내 빅토리아 베컴 역시 영국의 유명 가수 출신이어서 축구 팬뿐만 아니라 일반인에게도 큰 주목을 받았습니다. 슈퍼스타 데이비드 베컴을 데려오기 위해 2억 5천만 달러라는 거금을 들였을 정도로 미국 축구인들은 그가 축구 붐을 일으켜 주기를 기대했습니다. 그러나 격렬한 미식축구에 익숙해진 미국인들은 경기 내내 공만 쫓아다니는 축구 경기에 매력을 느끼지 못했습니다.

결국, 지구를 하나의 축구 시장으로 만들려는 국제축구연맹의 노력은 미국에서 좌절을 맛보았습니다. 세계에서 가장 큰 규모의 프로 스포츠 시장을 가지고 있는 미국에 축구가 자리 잡을 여지는 거의 없습니다. 미국인들은 다른 나라 사람들이 무슨 스포츠를 좋아하는지에는 관심이 없고, 오직 자신들이 만든 프로 스포츠 세계에만 흥미가 있습니다.

단순한 경기 방식으로 누구나 즐길 수 있는 미식축구

미국인에게 가장 좋아하는 스포츠를 물어보면 절반가량이 미식축구라고 대답할 정도로 미식축구는 미국에서 절대적인 인기를 누리고 있습니다. 프로 야구도 인기 스포츠이지만 미식축구에 비하면 그 인기가 절반에도 미치지 못합니다. 미식축구는 11명이 한 팀으로 공을 상대편 엔드존end zone*에 터치다운하거나 킥으로 크로스바를 넘김으로써 득점하게 됩니다. 매우 격렬한 경기여서 선수들은 몸을 보호하기 위해 여러 가지 용구를 착용합니다. 미식축구가 남녀노소, 인종에 상관없이 즐길 수 있는 이유는 경기 방식이 매우 단순하기 때문입니다.

미식축구 구장은 길이 108m, 폭 48m의 직사각형입니다. 공격권을 가진 팀은 4번의 공격 기회를 통해 10야드9.14m를 진격하면, 다시 4번의 공격권을 행사할 수 있습니다. 만약 공격팀이 4번의 공격 기회를 통해 10야드를 나아가지 못하면 상대방에게 공격권이 넘어가면서 공수가 바뀝니다. 공격의 목표는 단 하나, 공을 들고 상대방의 엔드존에 도달하는 것입니다. 공격수가 공을 들고 힘차게 내달려 상대 팀의 엔드존에 도달하는 것을 '터치다운'이라고 하며, 이 경우 점수 6점이 주어집니다. 그런데 상대 팀의 수비가 튼튼해 도저히 전진이 불가능할 경우 공을 발로 차 수비 팀의 골대를 통과하면 3점을 획득합니다.

미식축구는 구기 종목 가운데 비교적 단순한 경기 규칙을 가지고

---

* 골라인과 엔드라인 사이의 경기장 양끝에 있는 10야드 깊이의 지역

단순한 경기 방식으로 미국인에게 절대적인 사랑을 받는 미식축구

있지만 경기를 운영하는 작전의 종류는 다양합니다. 감독은 수많은 작전을 미리 구상해 상대방의 작전에 맞추어 대응책을 마련해야 합니다. 미식축구 감독을 일컬어 '필드의 야전 사령관'이라 부를 정도로 미식축구에서 감독이 차지하는 비중은 막대합니다.

또한 경기에 직접 참여하는 선수 중 쿼터백 역시 경기를 풀어 가는 데 매우 중요한 역할을 합니다. 쿼터백은 팀을 이끄는 선수로서 경기 중에 벌어지는 모든 작전을 필드에서 통제합니다. 따라서 쿼터백은 신속한 상황 판단과 대처 능력이 필요하며, 경기의 승패를 좌우하는 가장 중요한 포지션입니다.

미식축구 감독과 쿼터백의 경우 유난히 백인이 많아 논란의 대상

경기의 승패를 좌우하는 쿼터백

이 되고 있습니다. 엄청난 스피드와 힘이 필요한 미식축구는 체력적으로 뛰어난 흑인이 다수를 차지하고 있지만, 고도의 판단력과 리더십이 필요한 감독과 쿼터백은 백인이 대부분입니다. 이를 두고 백인우월주의자들은 "흑인의 지적 능력이 백인에 비해 뒤떨어지기 때문에 단순히 공을 들고 동물처럼 달리는 일은 잘해도 새로운 작전을 구상하고 팀 전체를 이끄는 리더십이 부족하기에 어쩔 수 없는 현상이다."라고 주장합니다.

이런 현상은 프로 농구에서도 나타납니다. 백인 농구 선수는 가뭄에 콩 나듯 적지만 농구 감독은 백인 비중이 높습니다. 이에 대해 흑인은 "인종 편견으로 인해 프로 스포츠에서 흑인이 지도자 역할을 하지 못하고 있다."라며 불만을 토로하고 있습니다. 그들은 프로 미식축구를 포함하여 프로 스포츠 구단 대부분을 백인이 소유하고 있어서 백인 지도자를 선호할 뿐 흑인이 백인에 비해 지적 능력이 떨어지는 것은 아니라고 주장합니다. 인종 편파 논란은 앞으로 해결해야 할 과제로 남아 있지만, 미식축구는 작전을 구상하는 감독의 역할이 가장 중요하며 이를 필드에서 수행하는 쿼터백이 지배하는 경기입니다.

'달러가 쏟아지는 밤', 슈퍼볼

슈퍼볼Super Bowl은 미식축구 양대 리그인 아메리칸 풋볼 리그American Football League와 내셔널 풋볼 리그National Football League 우승 팀끼리 맞붙는 챔피언 결정전입니다. 매년 1월 말에서 2월 초 일요일에 열리는 이날을 '슈퍼 선데이Super Sunday'라고 부르며, 단 한 번의 경기로 시즌 챔피언을 결정합니다.

미식축구가 미국인의 압도적인 사랑을 받는 스포츠인 만큼 슈퍼볼의 인기는 상상을 초월합니다. 매년 슈퍼볼을 보기 위해 텔레비전 앞에 앉는 시청자가 미국에서만 1억 명이 넘고, 세계 200개국에 동시 중계되어 최소 10억 명 이상이 지켜봅니다. 단일 프로그램으로서는 미국 최고의 시청자 수입니다. 슈퍼볼 입장권을 구하는 것은 하늘의 별 따기만큼 어렵고 암표를 사려면 최소한 수천 달러의 웃돈을 주어야 하지만 그마저도 없어서 살 수 없는 지경입니다.

슈퍼볼을 박진감 있게 보기 위해 최신형 TV가 매년 날개 돋친 듯 팔립니다. 또한 경기를 지켜보며 먹기 위한 간식 역시 엄청난 양이

미국인을 열광시키는 슈퍼볼

팔립니다. 슈퍼볼 당일 맥주, 포테이토칩, 피자, 치킨 윙, 팝콘 등 다양한 간식이 연중 최고치로 판매됩니다. 이처럼 슈퍼볼은 추수감사절과 함께 미국 경제 활성화에 중요한 역할을 하고 있습니다.

　슈퍼볼로 인해 새로 창출되는 부가가치가 막대해 슈퍼볼을 두고 '달러가 쏟아지는 밤'이라고 부릅니다. 미국 전역을 흥분의 도가니로 몰아넣는 슈퍼볼은 글로벌 기업의 놓칠 수 없는 마케팅 기회이기도 합니다. 기업이 광고를 내보내기만 하면 미국인의 3분의 1과 세계 10억 명에게 자사 제품을 각인시키기 때문입니다. 기업은 광고를 위해 1초에 20만 달러라는 막대한 돈을 지불해야 하지만 광고를 하려는 기업은 넘쳐납니다. 슈퍼볼에 광고한다는 것 자체가 소비자에게 초일류 기업이라는 좋은 이미지를 심어 줄 수 있기 때문입니다.

비싼 값에도 순식간에 매진되는 슈퍼볼

슈퍼볼은 기업뿐 아니라 연예인에게도 자신의 존재를 전 세계에 알릴 중요한 기회로 여겨지고 있습니다. 슈퍼볼 하프타임에 등장해 노래를 부르는 가수는 당대 최고의 뮤지션임을 인정받는 것과 다름없어 전 세계 가수들이 서로 무대에 서기 위해 미식축구협회를 대상으로 치열한 로비를 벌입니다. 그런데 재미있는 점은 1992년까지는 슈퍼볼의 전반전과 후반전 사이에 펼쳐지는 하프타임 쇼는 그다지 인기를 끌지 못했다는 사실입니다. 그때까지만 해도 하프타임 쇼에 등장하는 가수는 슈퍼볼이 열리는 지역에서 활동하는 토박이 출신 가수여서 다른 지역 사람들에게 별다른 이목을 끌지 못했습니다. 따라서 시청자들은 하프타임 쇼가 펼쳐지는 동안 화장실에 다녀오거나 음식 먹기에 바빠 시청률이 크게 떨어지곤 했습니다. 시청률이 떨어지는 만큼 광고 수입도 줄어들기 때문에 미식축구협회는 슈퍼스타 마이클 잭슨을 무대 위에 세웠습니다.

팝의 황제였던 마이클 잭슨은 처음에 하프타임 쇼 출연을 극구 사양했습니다. 미식축구협회는 슈퍼볼이 전 세계에 주둔하고 있는 미군에게 실시간으로 방송되고 있다는 사실을 들먹이며, 지구촌에 흩어져 고생하고 있는 미군을 위해 멋진 공연을 펼쳐 줄 것을 간청했습니다. 이에 마이클 잭슨은 출연료를 받지 않고 오히려 개인 비용을 들여 가며 환상적이고 감동적인 쇼를 선보였습니다.

1993년 슈퍼스타로서는 최초로 마이클 잭슨이 하프타임 쇼에 출연하자 이를 지켜본 세계 아티스트가 앞다투어 하프타임 쇼에 출연하고자 했습니다. 하프타임 쇼는 마이클 잭슨 덕분에 단번에 세계에서 가장 권위 있는 무대가 되었습니다. 이후 하프타임 쇼는 마돈나, 비틀스의 폴 매카트니, 롤링스톤스, 비욘세 등 대형 팝스타의 독무대가 되었고 시청률은 미식축구 경기만큼이나 높아졌습니다.

하프타임 쇼에는 철두철미한 상업주의 정신이 녹아 있습니다. 미식축구협회는 마이클 잭슨이 출연료를 전혀 받지 않은 전례를 들어, 무대에 서려는 스타들에게 출연료를 지급하지 않고 재능 기부를 요구하고 있습니다. 단지 경기장까지 오는 교통비와 숙박비만 보조할 뿐인데도 전 세계 아티스트는 하프타임 쇼 무대에 한 번 서는 것을 일생의 영광으로 여기고 있습니다.

화려한 미식축구 뒤에 숨겨진 어두운 그림자

슈퍼볼의 인기가 폭발적인 만큼 경기 당일에 웃지 못할 일이 벌어지곤 합니다. 하프타임이 되면 시청자들이 일제히 화장실로 달려가 변기의 물을 내리다 보니 수도관이 파열되는 문제가 발생하기도 합니다. 실제로 2007년 플로리다주 마이애미시 당국은 주민들에게 하프타임에 화장실 사용을 자제할 것을 호소하는 방송을 했습니다. 또한 경기 당일 사람들이 술을 많이 마시는 탓에 각 주에서는 특별 음주 단속을 실시하고, 난동에 대비해 비상경계령을 내리기도 합니다. 과도한 음주로 인해 다음 날 출근하지 않는 사람이 150만 명이 넘을 정도로 슈퍼볼은 미국 사회에 큰 영향을 미치고 있습니다.

부와 명예를 한 번에 얻을 수 있는 미식축구 비즈니스

미국의 억만장자들은 미식축구 팀을 소유하는 것을 영광으로 생각합니다. 팀을 소유하는 것만으로도 지역 사회에서 존경을 받을 수 있습니다. 모든 미식축구 팀이 흑자를 내며 해마다 막대한 수익을 내고 있기 때문에 사람들은 팀을 소유하고 싶어합니다. 미식축구가 사회주의 수익 배분 방식을 취하고 있기에 구단주는 어떤 팀을 소유하더라도 손해 볼 일이 없습니다. 이로 인해 미식축구 팀은 수십억 달러가 넘는 가격에 거래됩니다. 따라서 웬만한 부호가 아니면 미식축구 팀을 소유하기가 불가능합니다.

미식축구의 화려함 뒤에는 일반 사람이 알지 못하는 어두운 그림자가 공존합니다. 그것은 바로 선수의 희생입니다. 프로 야구가 일주일 내내 열릴 수 있는 것은 운동 자체가 그다지 과격하지 않기 때문입니다. 야구에 비해 미식축구는 격렬하기 그지없는 스포츠입니다. 평균 신장 188cm, 몸무게 90~150kg인 근육질의 남성들이 한 게임당 80여 차례씩 서로 마주 보며 전속력으로 달려 충돌하는 경기가 미식축구입니다.

선수들이 흥분한 상태로 공격과 수비에 나서다가 땅에 머리를 부딪치기를 반복하는 과정에서 순간적인 뇌진탕이 발생합니다. 단 한 번의 뇌진탕도 사람에게 치명적인 영향을 미치기 때문에 반드시 피해야 하지만, 미식축구 선수는 경기뿐 아니라 연습 때마저도 끊임없이 순간적인 뇌진탕을 경험합니다. 결국 선수들은 뇌진탕 후유증으로 제명을 다하지 못합니다.

크고 작은 부상에 시달리는 미식축구 선수들

　미국 남성의 평균 수명은 80세에 이르지만 미식축구 선수의 평균 수명은 55세에 지나지 않습니다. 운동이 워낙 과격하고 체력 소모가 많아 프로 선수들의 평균 활동 기간도 3년밖에 되지 않습니다. 이는 미식축구 경기가 시즌 중 16차례밖에 열리지 못하는 이유이기도 합니다. 미식축구 선수들은 짧은 선수 생활을 마친 뒤 평생 심한 후유증에 시달리는 경우가 대부분입니다. 은퇴한 선수들은 정도의 차이는 있지만 대부분 치매 증상을 보이고, 이로 인한 후유증으로 생을 마감합니다.

　하지만 선수들의 숨은 고통을 알지 못하는 관객들은 경기장에서 선수들이 나뒹굴고 부상자가 속출하는 데도 아랑곳하지 않고 즐기기에 여념이 없습니다. 선수들이 경기를 격렬하게 치르는 동안 미식축구를 지켜보는 관중들의 뇌에서도 경기하는 사람과 비슷한 수준의 호르몬이 분비되어 관객들은 흥분하고 환호하게 됩니다. 경기장에서 벌어지는 모든 폭력은 상대방을 제압하는 좋은 기술로 각광받으며, 선수를 보호하기 위해 착용한 헬멧은 상대를 공격하는 무기가 됩니다. 미식축구는 할리우드 영화처럼 폭력이 난무하는 격렬한 운동이지만 가장 미국적인 스포츠로 절대적인 사랑을 받고 있습니다.

★

차별은 계속된다
흑인 스포츠 스타를 바라보는 시선

미국에서 흑인의 사회적 지위는 모든 인종 중 가장 낮다. 이런 이유 때문에 성공한 흑인 스포츠 스타를 일부 백인은 부정적인 눈으로 본다.

2016년 8월 위의 문제를 드러내는 한 사건이 발생했다. 프로 미식축구 선수 콜린 캐퍼닉Colin Kaepernick은 경기 시작 전 미국 국가가 울려 퍼지는 동안 자리에서 일어나지 않았다. 얼마 전 죄 없는 흑인 한 명이 백인 경찰의 불심 검문에 걸렸다가 총에 맞아 죽는 일이 벌어졌기 때문이다. 이후 캐퍼닉은 항의하는 방법을 바꾸어 미국 국가가 울릴 때마다 경기장에서 무릎을 꿇었다. 이런 모습을 본 백인은 비판의 목소리를 쏟아 냈지만 캐퍼닉은 계속해서 무릎을 꿇었다. 시간이 흐르면서 이에 동조하는 선수들이 늘어 갔다. 미식축구뿐만 아니라 프로 야구, 프로 농구에서도 미국 국가가 울리면 무릎을 꿇는 선수가 폭발적으로 늘어나자 급기야 트럼프 대통령이 나섰다.

트럼프 대통령은 "구단주가 앞장서서 미국 국가에 결례를 저지르는 선수를 내쫓아야 하며 무릎을 꿇는 행위를 금지하는 규정을 만들어야 한다."라고 주장했다. 트럼프의 말에 반감을 품은 선수들은 무릎 꿇기를 멈추지 않았다.

그해를 끝으로 캐퍼닉은 더는 경기장에 모습을 드러낼 수 없었다. 어떤 구단도 그와 계약을 맺지 않았기 때문이다. 이를 두고 미국 사회는 극명히 나뉘었다. 백인은 그가 실력이 없기 때문에 어떤 구단과도 계약을 맺지 못했다고 생각했다. 하지만 흑인은 캐퍼닉을 괘씸하게 생각한 백인 구단주들이 일부러 계약하지 않았다고 생각했다. 캐퍼닉은 뜻하지 않게 선수 생명이 끝나자 재기하기 위해 새벽 5시부터 개인 훈련을 하며 재기를 꿈꾸었지만 불러 주는 팀은 없었다.

2019년 3년 동안 비지땀을 흘리며 재기를 위해 노력하는 캐퍼닉의 모습이 언론을 통해 소개되자 트럼프 대통령은 "캐퍼닉이 지금도 잘할 수 있다면 그가 경기장에서 뛰는 모습을 보고 싶다. 그러나 프로 미식축구 구단이 홍보를 목적으로 그를 영입하는 것은 원하지 않는다."라고 말하며 자신의 속내를 드러내기도 했다. 트럼프는 캐퍼닉이 선수로서 이미 전성기가 지났기 때문에 필드로 돌아올 수 없다고 생각했다. 이는 또한 구단들이 인종 차별을 하지 않는다는 좋은 이미지를 보여 주기 위해 캐퍼닉을 의도적으로 영입하는 것을 그대로 보고 있지 않겠다는 경고이기도 했다.

스포츠는 흑인이 두각을 드러내는 분야이지만, 흑인 선수는 백인 일색인 구단주의 눈치를 보아야 하는 것이 현실이다.

세계를 통찰하는 지식과 교양 〈세계통찰〉 시리즈

미국

인물

**미국을
만든 사람들**

세계통찰_미국 1	1	역사의 기초를 다진 위대한 리더들	미국의 대통령
세계통찰_미국 2	2	오늘날 세계를 움직이는 파워 리더들	
세계통찰_미국 3	3	창의성과 도전 정신으로 무장한 미래의 개척자	미국 비즈니스계의 거물들
세계통찰_미국 4	4	세계 최강 미국 경제를 만든 기업가	
세계통찰_미국 5	5	세상에 발자취를 남긴 생각의 천재들	세상에 영향을 끼친 미국인-문화인, 예술인, 사상가
세계통찰_미국 6	6	세계인의 감성을 자극한 문화 예술인	

사회 문화

**세계의
중심이 된
미국**

세계통찰_미국 7	1	미국을 이해하기 위한 다양한 문화 키워드	미국의 문화
세계통찰_미국 8	2	문화의 용광로, 다양한 민족	
세계통찰_미국 9	3	자유와 평등한 삶을 추구하는 미국의 사회 제도	
세계통찰_미국 10	4	미국을 더 깊이 알 수 있는 핫스팟	

세계통찰 미국 ⑩

세계의 중심이 된 미국 4
미국의 문화
미국을 더 깊이 알 수 있는 핫스팟

2021년 1월 1일 1판 1쇄 발행

지은이	한솔교육연구모임
펴낸이	권미화
편집	한솔교육연구모임
디자인	김규림
마케팅	조민호
펴낸곳	솔과나무
출판등록	2018년 12월 20일 제2018
주소	서울시 마포구 독막로 266, 111-901
팩스	02-6442-8473
블로그	http://blog.naver.com/solandnamu
트위터	@solandnamu
메일	hsol0109@gmail.com

ISBN   979-11-90953-08-5 44300
          979-11-967534-0-5 (세트)